SEA UN LÍDER

*Aprenda a ser un líder dinámico y
espiritual en su ministerio*

SEA UN LÍDER

*Aprenda a ser un líder dinámico y
espiritual en su ministerio*

J. OSWALD SANDERS

PORTAVOZ

La misión de *Editorial Portavoz* consiste en proporcionar productos de calidad —con integridad y excelencia—, desde una perspectiva bíblica y confiable, que animen a las personas a conocer y servir a Jesucristo.

Título del original: *Dynamic Spiritual Leadership,* © 1999 por Discovery House Publishers y publicado por Discovery House Publishers, Box 3566, Grand Rapids, Michigan 49501.

Edición en castellano: *Sea un líder,* © 2002 por Discovery House Publishers y publicado por Editorial Portavoz, filial de Kregel Publications, Grand Rapids, Michigan 49501. Todos los derechos reservados.

Traducción: José Luis Riverón

EDITORIAL PORTAVOZ
P.O. Box 2607
Grand Rapids, Michigan 49501 USA

Visítenos en: www.portavoz.com

ISBN 978-0-8254-1665-1

2 3 4 5 6 edición / año 12 11 10 09 08

Impreso en los Estados Unidos de América
Printed in the United States of America

Contenido

Autor 7

Prólogo 9

1. Un hombre tal como nosotros .11

2. La preparación de un pionero .15

3. El retrato de un líder 41

4. Una visión exaltada de Dios 71

5. Gloriándose en la cruz 82

6. El guerrero de oración 87

7. Un comunicador de Dios 95

8. El misionero precursor 102

9. Las opiniones de un hombre comprometido 109

10. Asuntos difíciles 130

11. El papel de las mujeres 154

12. Una filosofía de la debilidad 166

13. La capacitación de otros líderes 171

14. Esforzándose para llegar a la meta 179

AUTOR

A principios de la década de 1920, J. Oswald Sanders era un joven abogado ocupado en sus prácticas profesionales en su Nueva Zelanda natal. Pero pronto Dios lo llamó a realizar una larga carrera de enseñanza y administración en el *Bible College* de Nueva Zelanda, en Auckland, y luego a una carrera aún más larga en la *China Inland Mission* (ahora denominada *Overseas Missionary Fellowship* [OMF]). Fue director general de la misión durante las décadas de gran cambio posteriores a la Segunda Guerra Mundial, cuando el personal de la misión fue echado de China pero estableció nuevas obras a lo largo del resto de Asia Oriental.

Luego de su retiro como director general de la OMF en 1969, se desempeñó como director del *Christian Leaders Training College* en Papua, Nueva Guinea.

A lo largo de los años, el doctor Sanders escribió muchos libros. También dedicó su tiempo a un ministerio de enseñanza mundial hasta que perdió su breve batalla contra el cáncer. El doctor Sanders murió en 1992 en Nueva Zelanda. Tenía noventa años de edad.

PRÓLOGO

Este libro es el resultado de una solicitud de que continuara el anterior "Liderazgo espiritual" con otro que enunciara los principios de liderazgo a partir de la vida y ministerio del apóstol Pablo.

Soy consciente de que hay muchas otras obras importantes sobre Pablo que han surgido de plumas más capaces, pero todavía no he hallado ninguna que trate específicamente sobre la vida de Pablo desde este ángulo.

En su preparación le debo un agradecimiento especial a un pequeño volumen publicado a principios de siglo: *"The Man Paul"* [Pablo, el hombre] de Robert E. Speer, Secretario del American Presbyterian Board of Foreign Missions. Se trata de un estudio sumamente perceptivo y valioso del apóstol. He seguido este ejemplo al incluir algunos versos apropiados del maravilloso poema de F. W. H. Myers, "San Pablo"[1].

Es mi esperanza que este libro pueda resultar útil para el estudio individual de la Biblia y para grupos de estudio. Con esto en mente, he incluido numerosas referencias de las Escrituras.

Notas
1. Myers, Frederick W. H., *"Saint Paul"* (Londres: Macmillan, 1910).

1

UN HOMBRE TAL COMO NOSOTROS

Nosotros también somos hombres semejantes a vosotros.

Hch. 14:15

El liderazgo firme, seguro y carismático necesitado con tanta desesperación en nuestra confusa era parece faltar conspicuamente. Un ciudadano preocupado, perturbado por las condiciones prevalecientes y por la incapacidad de los dirigentes de su país para hallar una panacea para sus enfermedades, hizo este comentario:

> La coyuntura crítica no encontró más que actores de segunda categoría en el escenario político, y se ignoró el momento decisivo porque los valientes carecían de poder, y los poderosos, de sagacidad, valor y resolución.[1]

Esto suena extrañamente contemporáneo, y sin embargo fue escrito hace aproximadamente un siglo por Friedrich Stiller. ¿Las cosas han cambiado esencialmente en los años que transcurrieron? Las gráficas palabras de nuestro Señor demuestran ser verdad, al diagnosticar con precisión las condiciones de hoy día:

> *Y en la tierra angustia de las gentes, confundidas a causa del bramido del mar y de las olas (Lc. 21:25).*

Las condiciones del mundo han empeorado inconmensurablemente desde que se hizo esta declaración, pero la misma apreciación de la situación sería la apropiada. Cada generación debe alcanzar y resolver sus propios problemas de liderazgo, y hoy día estamos enfrentando una aguda crisis de liderazgo en muchas esferas. Las crisis suceden a las crisis, sin embargo nuestros líderes plantean pocas soluciones, y la prognosis no es de ningún modo positiva.

La iglesia no ha escapado a esta escasez de liderazgo con autoridad. Su voz, que alguna vez resonó como un clarín de esperanza ante la humanidad acosada, extrañamente ahora se encuentra muda, y su influencia en la comunidad mundial se ha vuelto mínima. La sal ha perdido por completo su sabor y la luz, su brillo.

Sólo el hecho de lamentarse por este estado de cosas es contraproducente. Un enfoque más constructivo sería descubrir de nuevo los principios y factores que inspiraron el liderazgo espiritual dinámico de Pablo y de los otros apóstoles en los días dorados de la iglesia. No solo debemos descubrirlos, sino también esforzarnos por aplicarlos a nuestra propia situación. Los principios espirituales son atemporales; no cambian de generación en generación.

DEFECTOS Y OTRAS COSAS

Una vez un amigo me hizo notar: "¿No es humillante ver los propios defectos corriendo en dos pequeñas piernas?" Cuando los vemos encarnados en otra persona, nuestros defectos se tornan dolorosamente evidentes para nosotros. Del mismo modo, entendemos mejor los principios espirituales cuando los vemos encarnados en una personalidad y no cuando los vemos formulados como meras proposiciones académicas.

Por este motivo, uno de los estudios bíblicos más gratificantes consiste en rastrear las vidas de los hombres y mujeres como nosotros, la relación entre la divina providencia y de la personalidad humana, descubrir cómo se controlaban y tomaban forma las condiciones y experiencias de la vida inicial por medio de una Mano habilidosa y benevolente.

Debemos ser agradecidos que la inspiración divina haya asegurado la preservación y selección de los factores providenciales involucrados. Los hechos llanos, sin barniz se registran de manera directa, y sin intento alguno por retocar la fotografía. La Biblia es cuidadosa al retratar sus personajes como realmente fueron, con defectos y otras cosas.

Es en nuestro Señor y no en Pablo que vemos el ideal de liderazgo, puesto que Él es el líder por excelencia. Sin embargo, hay quienes encuentran toda la perfección de Jesucristo atemorizadora y bastante desalentadora. Dado que Él no heredó ninguna naturaleza pecaminosa como lo hicimos nosotros, sienten que este hecho le confirió una gran ventaja, y lo retiró del escenario de sus luchas y fracasos terrenales. Parece estar tan lejos en lo alto que ellos pueden tomar muy poca ayuda práctica de su brillante ejemplo. Mientras que este punto de vista surge de una concepción errónea de la naturaleza de la ayuda que Cristo puede dar, sus resultados son muy reales.

En el apóstol Pablo Dios proveyó el ejemplo de un "hombre sujeto a pasiones semejantes a las nuestras" (Stg. 5:17). Es cierto, era un hombre de enorme estatura espiritual, pero también era un hombre que conocía el fracaso junto con el éxito. Incluso cuando clamó con desesperación:

> ¡Miserable de mí! ¿quién me librará de este cuerpo de muerte?", él exclamó: "Gracias doy a Dios, por Jesucristo Señor nuestro (Ro. 7:24-25).

Estas y otras palabras efusivas de su corazón lo trae a nuestra calle, donde podemos identificarlo más fácilmente con sus experiencias. No fue "un santo imposible, encumbrado", sino un hombre frágil y falible tal como nosotros, alguien que puede hablarle a nuestras necesidades.

Así, en Cristo encontramos inspiración de un Hombre real que nunca falló, mientras que en Pablo obtenemos aliento de un hombre que se cayó y se volvió a levantar. "Un hombre perfecto revela cuál es el ideal; un hombre vencido y finalmente victorioso devela en qué podemos convertirnos por gracia de Dios… Necesitamos a Jesús a un costado de nosotros y a Pablo al otro costado si vamos a andar en triunfo a lo largo del camino difícil y peligroso".[2]

Si nuestro estudio de los principios de liderazgo de Pablo ha de ser permanentemente fructífero, el mismo debe ser más que académico. Cada persona, en su propia vida y esfera de servicio, necesitará dominarlos y traducirlos en acciones. Los hechos deben convertirse en factores de experiencia.

Debemos agradecerle a Pablo por la revelación propia inconsciente que caracteriza sus cartas. Aprendemos mucho más de él a partir de sus propias referencias indirectas y no estudiadas de sus cartas que lo que aprendemos del material histórico de Lucas en el libro de Hechos. En su biografía del difunto A. W. Tozer, D. J. Fant adoptó el método de interpretar al hombre por sus propios escritos, y este es el método que se seguirá en estos estudios.

En Pablo encontramos un prototipo inspirador de lo que un hombre, totalmente dedicado a Dios, puede lograr en una sola generación. Por ende será nuestro propósito verlo especialmente en su papel como líder en la iglesia, considerar su punto de vista sobre temas pertinentes, examinar las cualidades que lo hicieron ser el hombre que fue y descubrir de qué manera esos rasgos contribuyeron a su soberbio liderazgo.

NOTAS
1. *Newsweek,* 21 de abril de 1980, p. 4.
2. Jefferson, Charles E., *The Character of Paul* (Nueva York: Macmillan, 1924), p. 32.

2

LA PREPARACIÓN
DE UN PIONERO

Fuimos abrumados sobremanera más allá de nuestras fuerzas, de tal modo que aun perdimos la esperanza de conservar la vida. Pero tuvimos en nosotros mismos sentencia de muerte, para que no confiásemos en nosotros mismos, sino en Dios que resucita a los muertos.

2 Co. 1:8-9

A partir de los primeros días de los cuales tenemos registro, Pablo demostró cualidades incipientes de liderazgo que se desarrollaron con el correr de los años. Si bien debemos evitar el error de atribuirle casi virtudes sobrehumanas y santidad, no podemos escapar a la conclusión de que fue un hombre de enorme estatura y personalidad, una de esas figuras colosales que dejan su impresión indeleble en la historia. Y aún un estudio más específico revela a un "hombre de pasiones iguales" vulnerable, adorable, cuya vida se desarrolló extraordinariamente por una fe fuera de lo común y una entrega incondicional a su Maestro.

Denominado el cristiano más exitoso del mundo, su carrera ha sido considerada la más asombrosa en la historia mundial. Tal vez ningún otro haya alcanzado las mismas alturas en tantas capacidades. Su versatilidad fue tal que, en retrospectiva, parece como si hubiera poseído casi todos los dones. Pero a pesar del registro que inspira asombro de Pablo, en sus escritos establece exitosamente un vínculo con el humilde creyente con tanta facilidad como con el filósofo erudito.

Un paralelo actual del apóstol, se ha sugerido, sería un hombre que hablara chino en Pekín, citando a Confucio y a Mencio, que pudiera escribir sobre teología razonada en inglés y exponerla en Oxford y que pudiera defender su causa en ruso ante la Academia Soviética de Ciencias.

En su libro, *"The Man Who Shook the World"* (El hombre que sacudió al mundo), John Pollock relata la impresión que le causó un estudio de la vida y la obra de Pablo:

> La nariz de un biógrafo desarrolla una suerte de instinto, y no transcurrió mucho tiempo hasta que me impactó la credibilidad, lo genuino de la persona que estaba surgiendo de los Hechos de los Apóstoles y de las Epístolas tomadas en su totalidad. Un personaje convincente con una historia completamente creíble y sorprendente.[1]

En referencias autobiográficas en sus cartas, Pablo se retrata a sí mismo antes de su conversión como un ciudadano moral, exitoso y respetuoso de la ley. A esas alturas no veía muchos motivos para reprocharse y no evidenciaba ningún sentido del ser bajo la desaprobación de Dios. De hecho, si sentía algo, era lo contrario. No había sido pródigo. Podía ubicar su vida a la vera de la ley de Dios sin ninguna sensación indebida de haber fallado en el cumplimiento de sus obligaciones.

Pero su celo excesivo halló una expresión indigna en su cruel persecución de los seguidores del Cristo. Estas cualidades combinadas lo convirtieron en una de las personas más difíciles de convertir al cristianismo, dado que estaba plenamente convencido de su propia integridad.

Su personalidad compleja estaba unificada, sin embargo, por una notable singularidad de propósito. Sus enormes poderes intelectuales solamente lo habrían vuelto alguien para recordar, incluso si nunca se hubiera convertido en cristiano. De todos los apóstoles, él fue el único intelectual, y este hecho iba a ser de gran significación en el avance de la nueva fe. Para que el cristianismo pudiera realizar una conquista intelectual así como también moral y espiritual del mundo, se necesitaba alguien del calibre intelectual de Pablo para explicar y promulgar la importancia de la muerte de Cristo y su resurrección, y otras doctrinas afines.

La mayoría de los otros apóstoles demostraron algún don distintivo o un rasgo de carácter, pero el carácter de Pablo tenía tantos aspectos que todos parecían unirse. Pedro, por ejemplo, era un extremista y Andrés, un conservador. En Pablo, ambas cualidades son evidentes. En ocasiones era aventurado e impetuoso como Pedro, pero de ser necesario podía ser tan cauto como Andrés. Era conservador cuando estaba involucrado el principio, pero igualmente preparado para adoptar métodos radicales para lograr su fin.

Cuando se trataba claramente de principios, Pablo era inflexible y no se rendiría por un instante, incluso si la persona involucrada era el prestigioso apóstol Pedro. Debido a que el importantísimo tema de la libertad cristiana estaba en juego, Pablo les dijo a los gálatas:

> A los cuales ni por un momento accedimos a someternos, para que la verdad del evangelio permaneciese con vosotros (Gá. 2:5).

Pero cuando se trataba únicamente de una preferencia y no de un principio, él estaba preparado para hacer grandes concesiones.

Herencia y capacitación temprana

La herencia es una parte importante de cualquier vida. En la providencia de Dios, la preparación de un líder comienza antes de su nacimiento. Jeremías reconoció esta actividad soberana de Dios cuando registró la palabra que le dijo el Señor:

> Antes que te formase en el vientre te conocí, y antes que nacieses te santifiqué, te di por profeta a las naciones (Jer. 1:5).

Estaba predestinado al liderazgo, pero le faltaba descubrir que su preparación involucraría un curso de capacitación prolongado y a veces penoso. Pablo también era consciente de que era el objeto de una voluntad determinante y beneficiosa, si bien el camino por delante se abría lentamente.

> Lo que para ti es sombra, para Él es día,
> y Él conoce el final;
> y no va el espíritu,

por un camino ciego y sin propósito.
Como trama y urdimbre, todos los destinos
se tejen rápido,
unidos en compasión, como los ojos
de un vasto órgano.

J. G. Whittier

Sería aproximadamente el año 33 cuando Pablo vigiló las ropas de los hombres que apedrearon a Esteban. Entonces fue descrito como "un joven" (Hch. 7:58), un término que podría ser aplicado a una edad que oscilara entre los veinte y los treinta años de edad. Si, como parece más probable, era entonces miembro del prestigioso Sanedrín, debe haber tenido más de treinta, la edad requerida para un cuerpo judicial. Esto significaría que nació aproximadamente en la misma época que Jesús. En un sermón atribuido a Juan Crisóstomo, se infiere que nació en el año 2 a.C. Ante la suposición de que murió alrededor del año 66 d.C., habría tenido unos sesenta y ocho años de edad cuando fue ejecutado.

En cuanto a la herencia, Pablo provenía de una familia moderadamente rica, dado que cumplían con los requisitos de bienes necesarios para los ciudadanos de Tarso. Sus padres, que eran de la tribu de Benjamín, le pusieron el nombre a su hijo en homenaje a su ilustre ancestro tribal, el rey Saúl. Puesto que su padre era un ciudadano romano, le agregaron el nombre en latín, Paulus. Esta ciudadanía romana lo ubicó entre la aristocracia de Tarso.

Dado que el padre de Pablo era un estricto fariseo, sin duda alguna cumplió con todos los requisitos ceremoniales de la ley judaica con meticuloso cuidado respecto de su hijo. Pablo mismo dijo que había sido educado escrupulosamente en la mejor tradición de los fariseos. Trágicamente, este excuerpo de tipo puritano del Sanedrín, para los días de Pablo se había infectado con legalismo e hipocresía.

Pablo estaba evidentemente orgulloso de su pedigrí y de los logros sobre los que escribió a los creyentes filipenses:

> *Aunque yo tengo también de qué confiar en la carne. Si alguno piensa que tiene de qué confiar en la carne, yo más: circuncidado al octavo día, del linaje de Israel, de la tribu de Benjamín, hebreo de hebreos; en cuanto a la ley, fariseo;*

*en cuanto a celo, perseguidor de la iglesia; en cuanto a la
justicia que es en la ley, irreprensible (Fil. 3:4-6).*

*Instruido a los pies de Gamaliel, estrictamente con-
forme a la ley de nuestros padres (Hch. 22:3).*

Por ende, todos los años de formación fueron calculados a
fin de prepararlo para que fuera un eminente fariseo y rabino,
como su gran mentor Gamaliel.

La familia de Pablo hablaba griego y también estaba familiarizado con el arameo (Hch. 22:2). Desde sus primeros años,
conocía la versión Septuaginta griega del Antiguo Testamento, grandes tramos que aprendía de memoria.

Sus primeros pasos en la educación fueron en el hogar o
bien en una escuela conectada con la sinagoga, puesto que sus
escrupulosos padres no hubieran confiado su hijo a maestros
gentiles.

Al igual que otros niños de buena familia, aprendió un oficio. San Francis Javier trabajaba con sus manos y expresó su
deseo de que todos los hermanos cristianos hicieran lo mismo.
Gamaliel sostenía que el aprendizaje de cualquier tipo acompañado por un oficio terminaba en pecado.

El oficio de Pablo de fabricar tiendas demostró ser un valioso activo en los años por venir. Su Tarso nativo tenía abun-
dantes cabras de montaña, cuyo largo pelaje se tejía para
fabricar gruesas prendas o tiendas realizadas de un material
conocido como tela cilicia. El valor de este oficio para Pablo
fue que se podía hacer en cualquier lado y no requería equipo
costoso.

Sentía orgullo de su ciudad natal de Tarso, describiéndola
como "no insignificante" (Hch. 21:39). Era una de las tres
grandes ciudades universitarias del Imperio Romano, siendo
las otras dos Atenas y Alejandría, y se decía que sobrepasaba
a sus rivales en cuanto a eminencia intelectual. Su atmósfera
erudita indudablemente ya había influido en la mente ansiosa
del joven.

A la edad de aproximadamente quince años, emprendió
viaje a Jerusalén, donde pudo haber vivido con su hermana
(Hch. 23:16). Es interesante observar el hecho de que al parecer algunos de sus parientes hayan abrazado el cristianismo
antes de él (Ro. 16:7). En Jerusalén habría visto y oído las emo-
cionantes visiones y los sonidos del servicio del templo, obser-

vando con reverencia a los sacerdotes oficiantes y el humo ascendente del altar de sacrificio.

Una de las muchas pruebas claras de la divina providencia dándole forma a la vida de Pablo fue el hecho de que, probablemente por influencia de su familia, tuvo el privilegio de sentarse a los pies de Gamaliel, quien era llamado "la belleza de la Ley". Este culto y notable rabino era uno de los siete doctores judíos de la ley a quienes se les otorgaba el honroso título de "Rabí". Era de la escuela de Hillel, que tuvo una visión más amplia y más liberal que la de Shamai.

Así, Pablo estuvo expuesto a un espectro más amplio de enseñanzas que lo que hubiera sido de otro modo. A diferencia de Shamai, a Gamaliel le interesaba la literatura griega y alentaba a los judíos a tener relaciones amistosas y sociales con los extranjeros. Probablemente de él aprendió el joven Saúl la sinceridad y la honestidad de juicio, así como también la disposición a estudiar y a utilizar las obras de autores gentiles.

Fue este mismo Gamaliel el que aconsejó moderación cuando la multitud hubiera matado a Pedro y a los otros apóstoles.

> *Entonces levantándose en el concilio un fariseo llamado Gamaliel, doctor de la ley, venerado de todo el pueblo, …y luego dijo:…Apartaos de estos hombres, y dejadlos; porque si este consejo o esta obra es de los hombres, se desvanecerá; mas si es de Dios, no la podréis destruir; no seáis tal vez hallados luchando contra Dios (Hch. 5:34-39).*

Luego de su capacitación con Gamaliel, como un calificado y reconocido fariseo, Pablo regresó a su hogar hasta que fue lo suficientemente adulto como para embarcarse en la tarea de su vida.

Dicho al pasar, cabe advertir que puesto que Gamaliel no sancionó las actividades de persecución, es difícil entender la subsiguiente furia de su pupilo, salvo que fuera la expresión externa de una feroz batalla que se libraba dentro de su pecho. "Estaba tanto en guerra consigo mismo como lo estaba con los cristianos."[2]

Académicamente, Pablo hizo un progreso espectacular. Sobrepasó a sus compañeros de estudios tanto en cuanto a logros académicos como en su celo. Era "celoso de Dios" (Hch. 22:3), y "mucho más celoso de las tradiciones de mis padres"

(Gá. 1:14). No resulta difícil imaginar la furia de las autoridades judías al haber perdido su promisorio liderazgo.

Como ya se ha mencionado, Pablo fue casi con seguridad miembro del Sanedrín, el tribunal civil y legal supremo judío. Para poder ser elegido con dicho honor, tendría que haber tenido más de treinta años de edad en el momento de la muerte de Esteban. Pablo mismo dice que fue uno de los jueces que votaron a favor de la muerte de los cristianos.

> *Yo encerré en cárceles a muchos de los santos, habiendo recibido poderes de los principales sacerdotes; y cuando los mataron, yo di mi voto (Hch. 26:10).*

En esa época era costumbre casarse a una edad temprana, y para tener un asiento en el Sanedrín, tenía que ser un hombre casado. El motivo subyacente a esta disposición era que los miembros debían inclinarse por la misericordia, y era más probable que un esposo y un padre poseyera esa cualidad que un hombre soltero. El peso de la evidencia parecería estar a favor de que Pablo era un hombre casado, pero las Escrituras no dicen nada al respecto. Hay una tradición que dice que era viudo. Puede que luego de su conversión al cristianismo haya sido deshonrado y repudiado por su familia.

VENTAJAS PERSONALES

La mano dominante de Dios para capacitar a Pablo para el liderazgo podría discernirse claramente en las ventajas de que gozó como resultado de su herencia y de su entorno.

Y lo que fue cierto para Pablo, lo es para todos nosotros. Una providencia está forjando nuestros fines; un plan se está desarrollando en nuestras vidas; un Ser supremamente sabio y amante está haciendo que las cosas se unan a fin de funcionar para bien. En la secuela de nuestra historia de vida veremos que hubo un significado y una necesidad en todos los incidentes previos, salvo los que son el resultado de nuestra propia insensatez y pecado, y que incluso éstos existieron para contribuir al resultado final.[3]

Resulta dudoso que haya existido otro hombre cristiano en el primer siglo que combinara en sí mismo la mayoría de las cualidades y calificaciones que lo convertirían en un ciudadano del mundo; un judío con ciudadanía romana que vivía en una ciudad griega. Tanto por nacimiento como por capacitación, Pablo poseía la tenacidad de los judíos, el sentido práctico de los romanos y la cultura de los griegos. Estas cualidades le permitieron adaptarse a los pueblos políglotos entre los cuales debería moverse.

Estas virtudes también hicieron que Pablo fuera singularmente capaz de ser un líder misionero mundial. Para un ciudadano romano no existía tal cosa como una tierra extraña, de modo que la cuestión molesta de la extraterritorialidad que ha plagado la obra misionera por tanto tiempo no constituía un problema para él. Todavía no existían ni visas ni pasaportes. Pablo nunca hubiera podido viajar más allá de su propia bandera, y puesto que existía un tipo de civilización similar en todo el Imperio Romano, había pocas barreras culturales que vencer. Además, había pocos problemas importantes sociales, económicos o de moneda que resolver. Su ciudadanía romana le sirvió de mucho en numerosas ocasiones. Y puesto que el griego era conocido casi universalmente, los problemas de idioma eran mínimos.

Puesto que había obtenido su educación teológica a los pies del más famoso rabino del judaísmo, nadie podía impugnar con justicia la erudición de Pablo o el extenso conocimiento de la Ley. Entonces, también estaba familiarizado con los sistemas filosóficos de su época, y podía debatir con sus proponentes en su propio terreno.

> Y hablaba denodadamente en el nombre del Señor, y
> disputaba con los griegos [helenistas] (Hch. 9:29).

Su oficio de fabricante de tiendas le evitaba la desventaja de ser una carga financiera para las iglesias emergentes, por lo tanto, se obviaban las presiones que con frecuencia generan las obligaciones financieras. Esto le permitió la libertad de aconsejar o de reprochar a la gente en la iglesia, lo que hubiera sido mucho más difícil de haber tenido obligaciones financieras con ella.

INCAPACIDADES PERSONALES

Muchos de los líderes misioneros de la actualidad le darían alegremente la bienvenida a muchas de las ventajas de las que gozaba Pablo. Pero estas ventajas probablemente fueran más que equilibradas por las graves desventajas bajo las cuales él y sus colegas debían trabajar.

En *"The Old Tea House"* (La antigua casa de té), Violet Alleyn Storey escribe: "'Los que piensan que tienen alguna incapacidad por alguna aflicción en el cuerpo o el espíritu para realizar una obra noble en la vida deben acordarse de Pablo', dijo alguien. ¡Milton el ciego que observaba el paraíso! ¡Bethoven el sordo que oía vastas armonías! ¡Byron el lisiado que subió hacia los cielos de los Alpes! Los que argumenten una discapacidad, que se acuerden de ellos".

Con frecuencia, Pablo no tenía un lugar adecuado en el que predicar. Transcurrió poco tiempo hasta que fue considerado un peligroso alborotador, y las sinagogas estaban cerradas para él.

Con el objeto de poder mantenerse, y a veces a otros también, en ocasiones tenía que trabajar día y noche. Lo maravilloso es que todavía hallaba tiempo para el testimonio efectivo del evangelio.

Al parecer sufría la incapacidad de no tener una estampa impactante.

> Porque a la verdad, dicen, las cartas son duras y fuertes; mas la presencia corporal débil, y la palabra menospreciable (2 Co. 10:10).

En *"The Acts of Paul and Hecla"* (Los hechos de Pablo y Hecla), una novela escrita en el siglo II o III, se encuentra el único retrato de Pablo que sigue existiendo. Allí, se describe a Pablo como "de tamaño pequeño con cejas entrelazadas, con una nariz bastante pronunciada, calvo, patizambo, robusto, lleno de gracia, puesto que en ocasiones parecía un hombre y en otras tenía el rostro de un ángel".[4]

Si bien no fue formado en un molde hercúleo, demostró una energía física increíble, ya que a lo largo de su ministerio el sufrimiento corporal y la incomodidad eran asuntos de rutina.

Pablo al parecer no fue considerado por algunos como un orador impactante, como lo fue Apolos. "Las cartas son duras...mas...la palabra menospreciable" (2 Co. 10:10).Los falsos maestros y legalistas persiguieron sus pasos y se esforzaron por neutralizar y disipar su obra. Impugnaron su condición de apóstol y desestimaron su autoridad, obligándolo a defenderse de mala gana y reivindicar su designación divina.

Pablo sufrió el dolor agudo que surgía de la falta de afecto de sus amados colegas: Bernabé, Demas, Himeneo y Fileto, para nombrar algunos. Tales rupturas de compañerismo fueron desesperadamente dolorosas para su corazón cálido y de pastor generoso. Para llenar la copa de amargura, escribió en una ocasión:

> *Me abandonaron todos los que están en Asia, de los*
> *cuales son Figelo y Hermógenes (2 Ti. 1:15).*

Este fue un golpe importante para el líder apremiado. Entonces, también, algunos de sus conversos no fueron fieles, convirtiéndose en un peso en su corazón. Las cargas en el corazón y los sufrimientos y agudas dolencias físicas eran rutinarias para Pablo: agotamiento y dolor, hambre y sed, frío y desnudez, flagelo y prisión, apedreamientos y naufragios, peligros tanto en la tierra como en el mar fueron parte de su experiencia misionera (2 Co. 11:23-28). Lo resumió en una oración: Ningún reposo tuvo nuestro cuerpo, sino que en todo fuimos atribulados; de fuera, conflictos; de dentro, temores (2 Co. 7:5). Este dedicado apóstol trabajó bajo constante presión, pero sin ahogarse en ella. "Fuimos abrumados sobremanera más allá de nuestras fuerzas, de tal modo que aun perdimos la esperanza de conservar la vida" (2 Co. 1:8). Pero la presión en la vida de Pablo era al final productiva: "Para que no confiásemos en nosotros mismos, sino en Dios" (1:9). Además de todas las otras presiones accidentales estaba la enorme carga de la responsabilidad por el bienestar de las iglesias que había ayudado a formar.

> *Y además de otras cosas, lo que sobre mí se agolpa cada*
> *día, la preocupación por todas las iglesias (2 Co. 11:28).*

Una carga tan intolerable hubiera aplastado a un hombre menor. Pero Pablo era un hombre que había dominado el secreto de verter su carga en el Señor por una parte, y de apropiarse de su gracia suficientemente abundante, por la otra.

La actitud del apóstol hacia estas discapacidades fue ejemplar, y es instructiva para todos los que ocupan posiciones de liderazgo. No las toleró pasivamente y de mala gana. Alcanzó el alto terreno de realmente glorificarse en ellas, con la oportunidad que ellas brindaban de probar y demostrar la suficiencia de Cristo y la adecuación de su gracia.

Pablo había recorrido una gran distancia a lo largo del camino de la madurez espiritual cuando pudo decir: "Por amor a Cristo me gozo en las debilidades, en afrentas, en necesidades, en persecuciones, en angustias; porque cuando soy débil, entonces soy fuerte" (2 Co. 12:10). No consideraba a estas pruebas como males sin mitigación, sino que las valoraba como instrumentos diseñados para conformarlo a la imagen de Cristo. Paradójicamente, las pruebas se tornaron canales de gracia, y ocasiones para el regocijo.

La conversión de un hombre religioso

La importancia crucial de la conversión de Pablo en la historia de la iglesia es afirmada por el hecho de que el Espíritu Santo ocasionó tres situaciones prolongadas y complementarias de ese acontecimiento que están preservadas en las Escrituras. A la luz de su subsiguiente y continua influencia, no es demasiado decir que su conversión fue uno de los acontecimientos de la historia que hacen época. Solo otro acontecimiento del mismo tipo se informa con mayor detalle: La crucifixión del Hijo de Dios.

Pablo había participado activamente en el infame apedreamiento de Esteban.

> *Y cuando se derramaba la sangre de Esteban tu testigo, yo mismo también estaba presente, y consentía en su muerte, y guardaba las ropas de los que le mataban (Hch. 22:20).*

Puede que esta evidencia de su celo persecutorio haya sido lo que lo condujo a su elección en el Sanedrín y, más tarde, a su designación como un inquisidor en contra del cristianismo. De acuerdo a su propio relato, se embarcó en su espantosa tarea con intensidad fanática.

> *Perseguía yo este Camino hasta la muerte, prendiendo y entregando en cárceles a hombres y mujeres; como el sumo sacerdote también me es testigo, y todos los ancianos, de quienes también recibí cartas para los hermanos, y fui a Damasco para traer presos a Jerusalén también a los que estuviesen allí, para que fuesen castigados (Hch. 22:4-5).*

Fue aún más lejos en su celo maligno:

> *Y muchas veces, castigándolos en todas las sinagogas,*
> *los forcé a blasfemar; y enfurecido sobremanera contra*
> *ellos, los perseguí hasta en las ciudades extranjeras*
> *(Hch. 26:11).*

Fue mientras viajaba en el camino a Damasco en una incursión persecutoria que el joven rabino fue repentinamente detenido. Con vívidas palabras Pablo le narró al rey Agripa esa experiencia inolvidable e impactante que convirtió en predicador al perseguidor:

> *Cuando a mediodía, oh rey, yendo por el camino, vi*
> *una luz del cielo que sobrepasaba el resplandor del sol, la*
> *cual me rodeó a mí y a los que iban conmigo. Y habiendo*
> *caído todos nosotros en tierra, oí una voz que me ha-*
> *blaba, y decía en lengua hebrea: Saulo, Saulo, ¿por qué*
> *me persigues? Dura cosa te es dar coces contra el agui-*
> *jón (Hch. 26:13-14).*

Ahora, sin duda alguna Saúl se había sentido profundamente afligido por el proceder de Esteban en su martirio. La sugerencia de Sir William Ramsay es que Pablo estaba tan seguro de que Jesús, el impostor, estaba muerto que cuando se repitió la visión de Esteban en su propia experiencia, toda su hostilidad se vino abajo.

Es evidente que lo más sorprendente para Pablo fue que cuando Cristo se le apareció no fue en ira y venganza, sino en amor sin fronteras, incondicional. Fue este factor el que dio fin a su última oposición y derritió la dureza de su corazón intransigente.

> Dios todo misericordioso, Señor todopoderoso
> Bendecimos el amor, su profundidad y su altura
> que hizo por medio de tu Palabra transformadora
> que tu enemigo sea una luz brillante incandescente,
> un mensajero elegido de Dios,
> tiempo de sombras de la eternidad,
> cuyos pies sangrientos pisaron sin agotamiento
> de orilla a orilla, de clima a clima.
>
> *E. H. Bickersteth*

Uno de los estudios más exhaustivos de este acontecimiento lo realizó en el siglo pasado Lord Lyttelton, un parlamentario cuyo nombre apareció en todo debate político importante en el Parlamento británico, y quien ocupaba el cargo de Canciller de la tesorería en el gabinete. Era tanto un hombre de letras como un político.

En su tratado que comprendía los resultados de su investigación, Lyttelton relata que él y su amigo abogado Gilbert West estaban convencidos de que la Biblia era una falsedad, y resolvieron exponer el fraude. Lyttelton eligió la conversión de Pablo, y West escogió la resurrección de Cristo, los dos puntos más cruciales del cristianismo, como temas de su investigación hostil.[5]

Cada uno enfocó su estudio con honestidad, si bien llenos de prejuicios, pero el resultado de su investigación individual, que se extendió sobre un período considerable, fue que ambos se convirtieron a la fe de Cristo a través de sus propios esfuerzos por desacreditar el registro bíblico. Cuando finalmente se reunieron, no fue para exultarse por las pruebas de otra falsedad, sino para felicitarse por su descubrimiento de que la Biblia era de hecho la Palabra de Dios.

En el primer párrafo de su tratado, Lyttelton escribió: "Solo la conversión y el apostolado de Pablo, debidamente considerado, fue en sí mismo una demostración suficiente para probar que el cristianismo es una revelación divina". Tan convincente fue la obra de Lytttelton que el famoso Samuel Johnson lo declaró un tratado "en el cual la infidelidad nunca ha podido elaborar una respuesta engañosa".

Lyttelton formuló cuatro proposiciones que en su parecer agotaban todas las posibilidades del caso respecto a la conversión de Pablo:

1. Pablo era un impostor que decía lo que sabía que era falso;

2. Era un entusiasta que imponía ideas sobre sí mismo por la fuerza de una imaginación exagerada;

3. Fue engañado por el fraude de otros; o

4. Lo que declaró como causa de su conversión en realidad sucedió, y por lo tanto la religión cristiana es una revelación divina.

Lyttelton siguió adelante para demostrar a partir de las Escrituras que Pablo no era un impostor. ¿Qué motivo, preguntó, podría haberlo inducido, en su viaje a Damasco con un corazón lleno de odio insensato en contra de la secta, para darse vuelta por completo, y convertirse en un discípulo de Cristo? El motivo no existía. Pablo no había traicionado ningún deseo de riquezas o de reputación por su asociación con el grupo. Ni buscaba poder, puesto que toda su vida estuvo marcada por una ausencia completa de búsqueda propia. Ni tampoco estaba motivado por un deseo de la gratificación de cualquier otra pasión, puesto que sus escritos mantienen la moralidad más estricta.

Por otro lado, convertirse en cristiano era incurrir en odio y enojo, así como exponerse al peligro. ¿Hubiera tolerado la "pérdida de todas las cosas" y exultado en lo que sabía que era un fraude? Esa hubiera sido una falsedad tan poco fructífera como peligrosa. De modo que la conclusión de Lyttelton fue que su teoría se vencía a sí misma.

Un dato interesante es que Pablo apeló al conocimiento personal del rey Agripa sobre la verdad de su historia de conversión. Pablo dijo:

> No estoy loco, excelentísimo Festo, sino que hablo palabras de verdad y de cordura. Pues el rey sabe estas cosas, delante de quien también hablo con toda confianza. Porque no pienso que ignora nada de esto; pues no se ha hecho esto en algún rincón (Hch. 26:25-26).

En sí esta es una prueba notable del conocimiento público de los hechos y de la integridad del hombre que sin miedo visitó al rey para que diera testimonio por él. Si la historia de la conversión de Pablo hubiera sido armada para la ocasión, ¿por qué motivo el divino Ananías fue a encontrarse con un monstruo tal en Damasco (Hch. 9:10-19)?

A partir de este y de otros argumentos, Lyttelton llegó a dos conclusiones finales:

(1) Pablo no era un engaño, que contaba un cuento imaginario sobre su conversión; (2) de haberlo hecho, no hubiera tenido éxito.

Si bien fue precedido por un largo período de "incubación" inconsciente, la conversión de Pablo fue indudablemente repentina. No había podido quitar de su mente el rostro del mártir agonizante: "como el rostro de un ángel" (Hch. 6:15).

> No siguió tonos injuriosos
> ni vendió su alma a quejidos vanos,
> si bien fue maldecido y despreciado y lastimado con
>   piedras.
> Pero mirando hacia arriba, lleno de gracia,
> oró, y desde un lugar feliz
> la gloria de Dios le dio en el rostro.
>
> *Lord Tennyson*

Ni tampoco pudo olvidar la última oración conmovedora de Esteban: "Señor, no les tomes en cuenta este pecado" (Hch. 7:60). El siempre activo Espíritu Santo había dispuesto el escenario a lo largo de los años para esta gran confrontación y capitulación. El resplandor enceguecedor encontró una gran cantidad de material inflamable en el corazón del joven perseguidor. El milagro sucedió en pleno brillo del sol del mediodía. Pablo miró a Jesús en toda su gloria y majestad mesiánica. Sabemos que esta no fue una mera visión subjetiva, puesto que Pablo la clasifica como la última aparición del Salvador y la sitúa al mismo nivel que sus apariciones a otros apóstoles y discípulos. Su declaración es clara e inequívoca:

> *Apareció a Cefas, y después a los doce. Después apareció a más de quinientos hermanos a la vez, de los cuales muchos viven aún, y otros ya duermen. Después apareció a Jacobo; después a todos los apóstoles; y al último de todos, como a un abortivo, me apareció a mí (1 Co. 15:5-8).*

No fue un éxtasis, sino una aparición real y objetiva del Cristo resucitado y exaltado, vestido en su humanidad glorificada. Pablo fue convencido de inmediato de que no era un impostor.

Todo el acontecimiento ha sido epitomizado en la prosa clara de Amos R. Wells:

> La luz era más brillante que el sol del mediodía, la flameante gloria del Santísimo. Mostró al Crucificado, al Nazareno, esplendoroso en su majestad, benigno, sereno, enceguecedor con el brillo refulgente de la Deidad, la fuente de poder y el hogar

de la alabanza. Demostró, ante la vergüenza cobarde de todos
ellos el corazón cruel y perseguidor de Saúl, su intolerancia, su
locura y su orgullo, y la gloria de mártir de Esteban al morir.
Tan horadante fue la luz abrumadora, que opacó toda otra visión, llenó todo el mundo de tinieblas y centró la visión en el
Hijo de Dios. A causa de esa luz, finalmente despertó la con-
ciencia de Saúl, se encogió de la horrible confusión del pasado
y vio cómo toda su vida, manchada por la pasión, había sido
objeto de gran resquemor y le resultó duro. Las llamas de la luz
a pleno, enviaron un rayo a la esperanza futura de un día más
brillante. "¿Qué haré, Señor?" Escuchen el llamado tembloroso
nacido de un Saúl nuevo y regenerado. Y luego, amada visión
restaurada, la luz divina continuó brillando grandemente. Envió noblemente al apóstol de nuevo. El testimonio de Cristo al
mundo de hombres vacilantes, hasta que todas las tierras de
desgracia y noche brillaron en el amanecer de la luz celestial.[6]

¡Qué entrada diferente a Damasco de la que el inquisidor
había imaginado! "Y cayendo en tierra, oyó una voz que le decía:...Levántate y entra en la ciudad, y se te dirá lo que debes
hacer... Entonces Saulo se levantó de tierra, y abriendo los
ojos, no veía a nadie; así que, llevándole por la mano, le metie-
ron en Damasco" (Hch. 9:4-8). Un cautivo, encadenado a la
rueda del carro de su Señor conquistador, el proselitista ciego
estaba ahora embarcándose en un curso desconocido pero aus-
picioso. Todo era oscuridad afuera, mas todo era luz dentro.

La entrega de Pablo a la señoría de Cristo fue inmediata y
absoluta. En el momento en que se dio cuenta de que Jesús no
era un impostor sino el Mesías de los judíos, supo que solo habría una respuesta adecuada. Toda la historia es epitomizada
en sus primeras dos preguntas: "¿Quién eres, Señor?" y "¿qué
haré, Señor?" (Hch. 22:8, 10). La verdadera conversión siempre
resulta en la búsqueda y en la entrega a la voluntad de Dios,
puesto que toda fe salvadora involucra obediencia (Ro. 1:5).

> El corazón más orgulloso que alguna vez palpitó
> ha sido subyugado en mí;
> la voluntad más extraña que alguna vez surgió
> para desestimar tu causa o ayudar a tus enemigos
> es sofocada, mi Dios, por ti.
>
> *W. Hone*

¡Cuán increíble fue la estrategia victoriosa de Dios en la vida de Pablo de Tarso!

El mayor enemigo se convirtió en el mayor amigo. El blasfemador se convirtió en el predicador del amor de Cristo. La mano que escribió la acusación de los discípulos de Cristo cuando los llevó ante los magistrados y a la prisión ahora escribía epístolas del amor redentor de Dios. El corazón que alguna vez palpitó con gozo cuando Esteban se hundía bajo las sangrientas piedras ahora se regocijaba en los azotes y los apedreamientos a favor de Cristo. De este enemigo de otro tiempo, perseguidor, blasfemo, provino la más grande parte del Nuevo Testamento, las declaraciones más nobles de teología, las letras más dulces del amor cristiano.[7]

C. E. Macartney

El llamado a servir

El llamado de Dios vino a Pablo de una manera tan clara y específica que no podía equivocarse. Mientras el apóstol estaba en Damasco, cegado por la luz celestial, Ananías llegó para comunicarle el mensaje que había recibido de Dios. A la vez que Pablo estaba volviendo a recuperar su vista, Ananías dijo:

> *El Dios de nuestros padres te ha escogido para que conozcas su voluntad, y veas al Justo, y oigas la voz de su boca. Porque serás testigo suyo a todos los hombres, de lo que has visto y oído (Hch. 22:14-15).*

Más tarde, cuando regresó a Jerusalén, Pablo "me sobrevino un éxtasis. Y le vi que me decía [el Señor]:…Vé, porque yo te enviaré lejos a los gentiles" (Hch. 22:17-18, 21). Al temeroso y comprensivo Ananías, que fue comisionado por Dios para dar la bienvenida al famoso perseguidor a la iglesia cristiana, Dios también le indicó la esfera de testimonio a la cual había convocado a Pablo.

> *El Señor le dijo: Vé, porque instrumento escogido me es éste, para llevar mi nombre en presencia de los gentiles, y de reyes, y de los hijos de Israel; porque yo le mostraré cuánto le es necesario padecer por mi nombre (Hch. 9:15-16).*

Pablo reveló otra faceta de su llamado cuando se defendió ante Agripa.

> *Oí una voz que me hablaba... Levántate, y ponte sobre*
> *tus pies; porque para esto he aparecido a ti, para ponerte*
> *por ministro y testigo de las cosas que has visto, y de*
> *aquellas en que me apareceré a ti, librándote de tu pueblo,*
> *y de los gentiles, a quienes ahora te envío, para que abras*
> *sus ojos, para que se conviertan de las tinieblas a la luz, y*
> *de la potestad de Satanás a Dios (Hch. 26:14-18).*

Así, desde los primeros días de la vida cristiana, no solo sabía que era un medio elegido a través del cual Dios comunicaría su revelación, sino que tenía una idea general de lo que Dios había planeado para su futuro. Sabía que (1) su ministerio lo alejaría de su hogar, (2) tendría un ministerio especial para con los gentiles y (3) que este ministerio le traería gran sufrimiento. Solo gradualmente pudo darse cuenta de que este llamado no era tanto un nuevo propósito de Dios para su vida sino la culminación del proceso preparatorio que comenzó antes de su nacimiento.

Ocurre lo mismo hoy día. El llamado del misionero no es tanto un nuevo propósito para su vida como lo es el descubrimiento del propósito por el cual Dios lo trajo al mundo. El Señor le dijo a sus discípulos que las posiciones de liderazgo en su reino estaban de acuerdo con la designación soberana de su Padre. "No es mío darlo, sino a aquellos para quienes está preparado" (Mr. 10:40). Pablo reconoció esto, pero solo llegó gradualmente a un entendimiento de lo que era la obra de Dios para él.

Fue solo después de que los judíos constantemente rechazaron su mensaje que Pablo se dedicó casi con exclusividad a los gentiles. Su experiencia en Corinto ayudó a esto. "Vuestra sangre sea sobre vuestra propia cabeza; yo, limpio; desde ahora me iré a los gentiles" (Hch. 18:5-6).

Varios años después de su conversión, este llamado inicial fue renovado y confirmado por la iglesia en Antioquía donde había ministrado por transcurso de un año.

> *Ministrando éstos [los líderes de la iglesia] al Señor, y*
> *ayunando, dijo el Espíritu Santo: Apartadme a Bernabé y*
> *a Saulo para la obra a que los he llamado (Hch. 13:2).*

Así, ahora el llamado general se volvió específico y gozosamente partieron, "enviados por el Espíritu Santo" (Hch. 13:4). El primer gran paso en el cumplimiento de la gran comisión de Dios y el comienzo de la gran empresa misionera mundial había sido negociada en términos de seguridad.

LA NUEVA FORMA DE LA AMBICIÓN

Un líder por lo general es una persona ambiciosa. Incluso en los días en que no se había regenerado el apóstol Pablo había sido ferozmente ambicioso, y la conversión por cierto no apagó esa llama. No podía hacer las cosas a medias, dado que parecían haber una compulsión interna que lo impulsaba constantemente hacia adelante. Impaciente del status quo, su visión siempre estaba puesta en mayores logros y horizontes distantes.

La fuerte ambición de Pablo previamente se había centrado en borrar el nombre de Jesús, el impostor, exterminando a sus seguidores y aniquilando la creciente influencia de la iglesia. Su ardiente celo por el judaísmo, al que consideraba la única religión verdadera, lo condujo a un exceso salvaje. Hasta el momento de su dramática conversión, "Saulo, respirando aún amenazas y muerte contra los discípulos del Señor" (Hch. 9:1).

En varias ocasiones Pablo habló del estado inmutable de su corazón en su etapa previa a la conversión:

Perseguía yo este Camino hasta la muerte, prendiendo y entregando en cárceles a hombres y mujeres (Hch. 22:4).

Y muchas veces, castigándolos en todas las sinagogas, los forcé a blasfemar; y enfurecido sobremanera contra ellos, los perseguí hasta en las ciudades extranjeras (Hch. 26:11).

Y en el judaísmo aventajaba a muchos de mis contemporáneos en mi nación, siendo mucho más celoso de las tradiciones de mis padres (Gá. 1:14).

Estas fueron las acciones de un hombre enloquecido.

La increíble providencia de Dios se ve todavía más en la forma en que esta ambición natural fue redirigida a canales espiritualmente productivos diametralmente opuestos a los de los primeros días. Su nueva ambición encontró un centro nuevo en la gloria de Cristo y el avance de su reino. Clavó su vieja ambición a la cruz, ansiando ahora llevar bendiciones a aquellos cuya exterminación había planificado alguna vez. Pablo escribió a los creyentes en Roma:

> *Porque deseo veros, para comunicaros algún don espiritual, a fin de que seáis confirmados (Ro. 1:11).*

Pablo tenía dos ambiciones importantes. La primera era la de *ganarse la sonrisa del Señor.*

> *Por tanto procuramos también, o ausentes o presentes, serle agradables (2 Co. 5:9).*

La aprobación personal de Cristo era su recompensa suficiente por cualquier servicio o sufrimiento. Esta ambición lo condujo por el camino de la fe a través del servicio con sacrificio.

La segunda ambición de Pablo estaba relacionada con su carrera:

> *Y de esta manera me esforcé a predicar el evangelio, no donde Cristo ya hubiese sido nombrado, para no edificar sobre fundamento ajeno (Ro. 15:20).*

Se ha dicho que sufría de aguda claustrofobia espiritual, el temor de estar confinado en un espacio cerrado. Sentía una pasión insaciable por avanzar. No permitiría estar encerrado. ¿No fue llamado para ir "lejos a los gentiles" (Hch. 22:21)? Para él fue un honor cumplir con su encargo.

Pablo de Tarso fue acosado por las regiones lejanas. Su visión no conocía horizontes: Corinto, Roma, España. Kipling podría haber estado hablando de Pablo cuando escribió:

> Algo oculto, ve y hállalo,
> ve y busca detrás de las montañas,
> algo perdido detrás de las montañas,
> perdido y esperando por ti. ¡Ve!
> Dios se ocupó de ocultar ese país,
> hasta que juzgara a su pueblo.
> Luego me eligió para su suspiro,
> y yo lo encontré, y es tuyo.

Aquí como en todas partes fue un líder modelo para la iglesia en los años por venir. Su celo misionero encendió a Henry Martyn, quien dijo que deseaba "no extinguirse por la avaricia, no extinguirse por la ambición, no extinguirse por el yo, sino mirar esa ofrenda de sacrificio, extinguirse por Dios y por su obra". Una ambición similar encendió la imaginación y el corazón de todo gran misionero. Al igual que Pablo, nosotros también debemos ser ambiciosos a fin de ocupar cada terreno o territorio no ocupado por Cristo.

Casi no debe enfatizarse que la ambición de Pablo era fundamentalmente altruista y centrada en Cristo. Él mismo fue el mejor ejemplo del amor desinteresado que proponía. Ansiaba ser útil a Dios y a sus congéneres, y cubrir su deuda a ambos.

Esperamos que conforme crezca vuestra fe seremos muy engrandecidos entre vosotros, conforme a nuestra regla; y que anunciaremos el evangelio en los lugares más allá de vosotros, sin entrar en la obra de otro para gloriarnos en lo que ya estaba preparado (2 Co. 10:15-16).

UNA NUEVA MOTIVACIÓN

Sólo la motivación poderosa podía inspirar y mantener tal ambición fogosa. En varias declaraciones al azar de sus cartas, el apóstol reveló algunos de los motivos que inspiraron sus labores prodigiosas y que lo hicieron ser el líder inspirado e inspirador en que se convirtió.

El primero en orden de tiempo y de importancia fue la inamovible convicción de Pablo de que *Cristo es el Mesías prometido,* teniendo así el derecho al señorío absoluto de la vida de Pablo. Las dos preguntas que realizó inmediatamente después de ver la visión celestial "¿quién eres, Señor?" y "¿qué haré, Señor?" se centraron en estos dos hechos (Hch. 22:8, 10).

El segundo motivo más importante en la vida cambiada de Pablo fue el inmenso poder del amor de Cristo. "Porque el *amor de Cristo* nos constriñe" (2 Co. 5:14), nos limita, nos controla, no nos deja opción. El amor que había roto y capturado su corazón rebelde en el camino de Damasco continuó manteniéndolo en servidumbre voluntaria hasta que nuevamente se encontró con el Señor en la gloria. Fue esto lo que lo sostuvo en pruebas increíbles, sufrimientos y privaciones que debió atravesar. Este amor por Cristo encontró inevitablemente su expresión en el ardiente amor de aquellos por quienes murió. Pablo trabajó bajo un ineludible *sentido de la obligación.*

> *A griegos y a no griegos, a sabios y a no sabios soy deudor (Ro. 1:14).*

Tenía la auténtica pasión misionera de dar a conocer un gran descubrimiento, y esta abarcativa obligación no tuvo en consideración alguna barrera racial o diferencia cultural. Se sentía igualmente debiéndole a todos los hombres, dado que todos fueron incluidos en el alcance del amor y sacrificio de Cristo. La condición social, la riqueza, la pobreza y el analfabetismo eran irrelevantes. A toda costa Pablo tenía que cubrir su deuda.

> Sólo como almas veo al pueblo,
> encadenados los que deberían ser conquistadores,
> esclavos los que deberían ser reyes.
> Oyendo su única esperanza con un asombro vacío,
> tristemente contento con una muestra de las cosas.
> Luego con un fragor el grito intolerable
> agita todo mi ser como un tronar de trompeta.
> Ah, salvarlos, perecer por su salvación,
> morir por sus vidas, ser ofrecido por todos ellos.
>
> *F. W. H. Myers*

"El temor del Señor" fue para el apóstol una realidad solemne que constituyó una motivación poderosa conducente a buscar a los perdidos. "Conociendo, pues, el temor del Señor, persuadimos a los hombres" (2 Co. 5:11). Él creía que existía y existe tal cosa como la ira del Dios del amor.

> *Porque la ira de Dios se revela desde el cielo contra toda impiedad e injusticia de los hombres que detienen con injusticia la verdad (Ro. 1:18).*

Pero cada vez que Pablo se refería a la ira y al juicio de Dios, hablaba en tonos amorosos sobre la misericordia del Salvador.

> *Porque la paga del pecado es muerte, mas la dádiva de Dios es vida eterna en Cristo Jesús Señor nuestro (Ro. 6:23).*

La esperanza del regreso de Cristo era para Pablo una fuente de fuerte motivación espiritual. Estaba profundamente influido por los poderes del mundo por venir.

Mas nuestra ciudadanía está en los cielos, de donde también esperamos al Salvador, al Señor Jesucristo (Fil. 3:20).

Esta gloriosa perspectiva era para él un estímulo para su esfuerzo de ganar almas.

Porque ¿cuál es nuestra esperanza, o gozo, o corona de que me gloríe? ¿No lo sois vosotros, delante de nuestro Señor Jesucristo, en su venida? (1 Ts. 2:19).

Cursos de posgrado

Todos necesitamos ir a Arabia para aprender lecciones como estas. El Señor mismo fue conducido al desierto. Y de una u otra forma, cada alma que ha hecho una gran obra en el mundo ha transcurrido por períodos similares de oscuridad, sufrimiento, desilusión o soledad.

F. B. Meyer

Si bien el apóstol Pablo había gozado de la ventaja de una capacitación soberbia tanto en lo académico como en lo religioso, antes de poder lograr una utilidad máxima a fin de obtener el propósito eterno de Dios para los gentiles, debía emprender un curso de posgrado. Su encendido espíritu tenía que ser templado, sin por ello apagar su celo.

Para ello, era necesario un período de retiro, de soledad, puesto que la soledad es un elemento importante en el proceso de madurez. El liderazgo espiritual no se desarrolla mejor a la luz de la publicidad. Es más, dado que Dios apunta a la calidad en sus instrumentos escogidos, el tiempo no es un obstáculo para Él. Siempre estamos apurados, pero Él no.

A diferencia de la mayoría de la gente hoy día, Pablo no corrió de inmediato a su nuevo trabajo, sino que buscó sabiamente la soledad. Deseaba estar solo para meditar y relacionar su presente con su pasado.

No consulté en seguida con carne y sangre, ni subí a

*Jerusalén a los que eran apóstoles antes que yo; sino que
fui a Arabia, y volví de nuevo a Damasco (Gá. 1:16-17).*

Extrañamente, no hay ninguna mención en el registro de
Lucas en Hechos sobre la estadía de Pablo en Arabia.

En la actualidad hay una tendencia poco sana a empujar a
los recién conversos a la prominencia antes de que realmente
sepan dónde están parados. Pablo evitó esta trampa. Probablemente transcurrieron doce años de capacitación tranquila y
esfuerzo evangelista antes de que se lanzara a su encendida
carrera misionera.

No se conoce con certeza la ubicación exacta de sus años de
retiro. Algunos piensan que fue a Sinaí, lo cual es una conje-
tura razonable. Pero la opinión de Sir William Ramsay es que
fue al país adyacente al este de Damasco.

La revolución espiritual en su vida había sido tan devasta-
dora que necesitaba tiempo para adaptar su pensamiento.
Allí, en la escuela del Espíritu, "el seminario de un solo hombre", con falta de prisa infinita Dios enseñó y capacitó al mensajero elegido que iba a abrir el evangelio al mundo. Debía
revisar todo el curso de la verdad del Antiguo Testamento a la
luz de la nueva revelación que le había llegado. Este era un
exigente desafío en exégesis.

Las implicancias extensas e impensables de los sufrimientos y la muerte del Mesías debían ser pensadas. Ahora debía
formular su teología en líneas radicalmente diferentes. A lo
largo de estos días y años de formación, bajo la tutela del Espíritu, inconscientemente almacenaba en su mente hechos y
argumentos que lo dejarían en una firme posición en los días
venideros de controversia y oposición. Allí también dejó caer
el peso intolerable del cumplimiento de la ley farisea y abrazó
la doctrina de la gracia libre pero costosa.

> A través de hombres que los mundanos consideran tontos,
> elegidos de Dios, y no por el hombre
> criados en tus escuelas secretas de capacitación,
> avanzan hacia tu plan eterno.
>
> Y ahora, aunque ocultos a nuestra vista,
> en el desierto de Madián, el monte Sinaí,
> Espíritu de Dios, tú tienes tus hombres
> esperando tu tiempo para hacer tu voluntad.

Cuando brille una noche
la luz de la llama pentecostal,
ojalá yo esté con el corazón encendido
en llamas para magnificar tu nombre.

Frank Houghton

Luego de este período de reclusión en Arabia, Pablo regresó a Damasco (Gá. 1:17) y tres años más tarde volvió a la "ciudad santa". Básicamente deseaba, mediante la relación con Pedro, obtener un conocimiento de primera mano acerca del Señor. En segundo lugar, esperaba ganarles a los rabinos con el nuevo movimiento. Pero respecto de ese punto, estuvo amargamente desilusionado.

Pablo dijo sobre su experiencia en Jerusalén:

> *Y me aconteció, vuelto a Jerusalén, que orando en el templo me sobrevino un éxtasis. Y le vi que me decía: Date prisa, y sal prontamente de Jerusalén; porque no recibirán tu testimonio acerca de mí. Yo dije: Señor, ellos saben que yo encarcelaba y azotaba en todas las sinagogas a los que creían en ti; y cuando se derramaba la sangre de Esteban tu testigo, yo mismo también estaba presente, y consentía en su muerte, y guardaba las ropas de los que le mataban. Pero me dijo: Vé, porque yo te enviaré lejos a los gentiles (Hch. 22:17-21).*

Luego de su corto ministerio en Damasco y Jerusalén, Pablo regresó a Tarso donde permaneció por espacio de aproximadamente ocho años. Cómo llenó esos años no queda muy claro, pero podemos estar seguros de que propagó activamente su nueva fe. Ese tiempo de evangelismo preparatorio culminó en un año de ricas experiencias en la iglesia de Antioquía bajo la guía de Bernabé.

Con esta iglesia como centro, Pablo se embarcó para cumplir su papel en la vida como apóstol en el mundo gentil. Fueron años importantes, durante los cuales obtuvo una gran madurez y una profundidad de carácter. Los aspirantes a líderes deben advertir que Pablo se demostró y se aprobó a sí mismo en su propia iglesia y ciudad antes de salir como pionero espiritual a esferas de servicio más amplias.

El resultado de estos años de oscuridad fue que "cuando regresó a su obra tenía un mensaje, propio, original, directo de Dios".

NOTAS

1. Pollock, John, *The Man Who Shook the World* (Wheaton: Victor Books, 1972), Prólogo.
2. Speer, Robert, *Paul, the All-round Man* (Nueva York: Revell 1909), p. 102.
3. Meyer, Frederick B., *Paul* (Londres: Morgan & Scott, 1910), p. 34.
4. Jefferson, *The Character of Paul*, p. 19.
5. Sanders, J. Oswald, *Bible Men of Faith* (Chicago: Moody, 1966), p. 200.
6. *The Sunday School Times*, 30 de septiembre de 1928, p. 397.
7. Macartney, Clarence, *The Greatest Men of the Bible* (Nueva York: Abingdon, 1941), p. 14.
8. Meyer, F. B., *Paul*, p. 64.

3

EL RETRATO DE UN LÍDER

Un hombre no es solo lo que le debe a sus padres, amigos y maestros, sino que un hombre es también en lo que Dios lo ha convertido al llamarlo para un ministerio en particular y al dotarlo de dones naturales y espirituales apropiados.

John Stott

Dondequiera que fuera, Pablo sobresalía como un hombre de inusual autoridad y fuerza de personalidad, un hombre que era un líder centímetro tras centímetro. En una reunión de líderes misioneros en Shangai hace muchos años, le preguntaron a D. E. Hoste, quien sucedió a Hudson Taylor como director general de la Misión al interior de la China, su opinión en cuanto a cuál era la marca de un buen líder. Con su humor de siempre contestó: "Si quisiera descubrir si soy un líder, ¡miraría tras de mí para ver quién me está siguiendo!"

A Pablo nunca le faltaron seguidores. Sus cualidades de carácter lo elevaban irresistiblemente por sobre sus colegas y asociados. Por ejemplo, cuando él y Bernabé partieron en su primer viaje misionero, el orden fue "Bernabé y Pablo". Pero a poco andar, por la mera fuerza del carácter sobrepasó al hombre mayor, y leemos acerca de "Pablo y Bernabé". Para su crédito, parece ser que Bernabé, de gran corazón, no resintió el liderazgo de su colega más joven.

El incidente en Listra donde Pablo y Bernabé fueron confundidos con los dioses Hermes y Zeus proporciona un aspecto secundario interesante (Hch. 14:11-20). Existía el mito de que estos dos dioses habían visitado a algunas personas en la misma área, recompensándolas por su hospitalidad convirtiendo sus humildes chozas en palacios. Imaginaban a Zeus como una alta figura majestuosa y a Hermes como su mensajero y portavoz. La gente llegó a la conclusión de que el alto y paternal Bernabé era Zeus y que Pablo, que no impresionaba por su fisonomía, era Hermes.

Su conclusión revela la influencia entre las visiones oriental y occidental. Como personas de la civilización occidental, naturalmente visualizaríamos como líder a la persona dinámica, llena de energía. Pero la mentalidad oriental más probablemente consideraría que el líder es quien se sentaba y permitía que sus subordinados hicieran el trabajo. Los nombres designados tanto a Pablo como a Bernabé reflejan este concepto. Al mismo tiempo su evaluación de Pablo como Hermes fue un tributo impactante a la autoridad y poder de persuasión de su discurso. A pesar de su debilidad, temor y temblor (1 Co. 2:3), sus palabras estuvieron acompañadas por el poder divino.

¡Cuán inestable es la multitud! ¡Adorado un día como un dios y apedreado al día siguiente! "Dioses bajo la semejanza de hombres han descendido a nosotros... y habiendo apedreado a Pablo, le arrastraron fuera de la ciudad" (Hch. 14:11, 19).

UN HOMBRE DE MUCHAS DIMENSIONES

En el naufragio camino a Roma, cuando parecía inevitable que todo se perdería, fue Pablo el que sobresalió como figura heroica (Hch. 27:27-44). ¡El prisionero apostólico mandó al capitán! Tal era su personalidad con las masas y su autoridad moral que toda la tripulación obedeció sus órdenes sin cuestionar. Cuando estuvo en el juicio por su vida frente al rey Agripa, fue el prisionero quien sentenció al juez, en vez de que el juez sentenciara al prisionero (Hch. 26).

Pablo no ejerció su autoridad de una manera dura o arbitraria, pero tampoco lo hizo alegremente. Era razonable, no altanero. Expresó su propia actitud respecto de la autoridad cuando escribió a los corintios:

> Por esto os escribo estando ausente, para no usar de severidad cuando esté presente, conforme a la autoridad que el Señor me ha dado para edificación, y no para destrucción (2 Co. 13:10).

El liderazgo del apóstol no fue perfecto, pero nos proporciona un ejemplo sumamente alentador e inspirador de lo que significa continuar avanzando con tesón hacia la madurez. Un líder debe estar dispuesto a desarrollarse en muchos niveles y en muchas capacidades, pero con una unidad de propósito.

La concepción del líder que tenía Pablo en la obra cristiana se refleja en las palabras que utilizó para describir ese papel. El líder es un administrador (1 Co. 4:1), una palabra que significa que es el administrador de los recursos de un hogar. También significa, de acuerdo con 1 Corintios 12:28, quien maneja el barco y, por ende, quien dirige la tarea. Un líder cristiano es un obispo (Hch. 20:28), una palabra que significa guardián o protector. Es un anciano (Hch. 20:17), implicando madurez de experiencia cristiana. Y también es un director (Ro. 12:8), el que está frente a la gente y los guía.

Es evidente que no todos los líderes cumplen con todos estos papeles, pero el uso de Pablo de estas palabras descriptivas proporciona cierta indicación de la complejidad de la tarea, y de la necesidad de flexibilidad y adaptabilidad al ejercerla. La versatilidad que caracterizó su propio liderazgo se demuestra en la variedad de tácticas que empleó al tratar los problemas de diferentes pueblos e iglesias.

A veces Pablo era gentil y paternal: "Antes fuimos tiernos entre vosotros, como la nodriza que cuida con ternura a sus propios hijos" (1 Ts. 2:7-8, 11-12). Pero cuando la necesidad lo requería, afirmaba con fuerza:

> He dicho antes, y ahora digo otra vez como si estuviera presente, y ahora ausente lo escribo a los que antes pecaron, y a todos los demás, que si voy otra vez, no seré indulgente; pues buscáis una prueba de que habla Cristo en mí, el cual no es débil para con vosotros, sino que es poderoso en vosotros (2 Co. 13:2-3).

Con frecuencia era filial:

> Pero nosotros, hermanos, separados de vosotros por un poco de tiempo, de vista pero no de corazón, tanto más procuramos con mucho deseo ver vuestro rostro; por lo cual quisimos ir a vosotros, yo Pablo ciertamente una y otra vez; pero Satanás nos estorbó (1 Ts. 2:17-18).

A veces utilizaba un punzante sarcasmo con la esperanza de atraer a los hermanos espirituales una mejor condición mental:

> *Ya estáis saciados, ya estáis ricos, sin nosotros reináis.*
> *¡Y ojalá reinaseis, para que nosotros reinásemos también*
> *juntamente con vosotros! Porque según pienso, Dios nos*
> *ha exhibido a nosotros los apóstoles como postreros, como*
> *a sentenciados a muerte; pues hemos llegado a ser espec-*
> *táculo al mundo, a los ángeles y a los hombres. Noso-*
> *tros somos insensatos por amor de Cristo, mas vosotros*
> *prudentes en Cristo; nosotros débiles, mas vosotros*
> *fuertes; vosotros honorables, mas nosotros despreciados*
> *(1 Co. 4:8-10).*

Podemos ver en los escritos de Pablo que era humorista:

> *Pero admitiendo esto, que yo no os he sido carga, sino*
> *que como soy astuto, os prendí por engaño (2 Co. 12:16).*

En otros momentos brindaba generosas alabanzas:

> *Porque vosotros, hermanos, vinisteis a ser imitadores*
> *de las iglesias de Dios en Cristo Jesús que están en Judea;*
> *pues habéis padecido de los de vuestra propia nación las*
> *mismas cosas que ellas padecieron de los judíos" (1 Ts.*
> *2:14). Urgía a una iglesia a que emulara la generosidad de*
> *otra: "No hablo como quien manda, sino para poner a*
> *prueba, por medio de la diligencia de otros, también la*
> *sinceridad del amor vuestro (2 Co. 8:8)[1].*

No hay una rígida uniformidad en el método de liderazgo de Pablo. Habitualmente, el enfoque flexible que adoptaba demostraba ser más que aceptable y exitoso.

Al capacitar a los hombres para el liderazgo, Pablo, al igual que su Maestro, se centraba tanto en los individuos como en las multitudes. Derramaba su vida en una pequeña cantidad de hombres con potencial de liderazgo. No intentó ejercer un control de culto sobre sus mentes, ni ubicó su confianza en plataformas de personalidad o complejas relaciones públicas. Su confianza final residía en la cooperación prometida del Espíritu Santo.

El liderazgo dinámico del apóstol dejó su huella en todo el

mundo occidental. Como dijo R. E. O. White sobre la influencia de Pablo:

> Mucho más allá de lo que el propio Pablo podría imaginar, o del entendimiento de sus contemporáneos, Pablo grabó su nombre profundamente en la historia de la humanidad como uno de los hacedores de Europa, y de hecho de todo el mundo occidental; puesto que las cosas que escribió y sostuvo se convirtieron en las suposiciones incuestionables de toda la forma de vida medieval, sobre la cual se construyó la civilización moderna en occidente.[2]

Una llamativa característica de su liderazgo fue que no se desvaneció con el paso de los años, ni tampoco las barras de la prisión pudieron restringir su alcance. Incluso cuando fue "Pablo, el anciano", siguió siendo el modelo y el líder de un grupo de hombres dinámicos más jóvenes. El afecto que logró crear en los corazones de sus seguidores se reflejó en las lágrimas que se derramaron cuando él les dijo que ya no lo podrían ver más (Hch. 20:36-38).

SENSIBILIDAD PARA CON LOS DEMÁS

Los líderes con los talentos y la fuerza de carácter que poseía Pablo con frecuencia suelen asumir demasiado poder o sobrepasar a otros más débiles, y ser insensibles a los derechos y convicciones de los demás. Pablo fue puntilloso en sus relaciones, manejando situaciones difíciles con increíble tacto y consideración.

El significado original de la palabra tacto se refería al sentido del tacto, y llegó a significar habilidad al tratar con personas o situaciones sensibles. El tacto se define como "percepción intuitiva, especialmente una percepción rápida y fina de lo que es adecuado, correcto y apropiado". Alude a la capacidad de conducir negociaciones delicadas y asuntos personales de una manera tal que reconoce los derechos mutuos y aún así conduce a una solución armoniosa.

Pablo daba lugar y era sensible a los derechos y sentimientos de los demás, y estudiosamente evitaba que se cruzaran los cables. Le costó trabajo evitar traspasar la esfera de autoridad del otro. El siguiente pasaje revela su concepción de la cortesía territorial:

> *Pero nosotros no nos gloriaremos desmedidamente,*
> *sino conforme a la regla que Dios nos ha dado por medida,*
> *para llegar también hasta vosotros. Porque no nos hemos*
> *extralimitado, como si no llegásemos hasta vosotros, pues*
> *fuimos los primeros en llegar hasta vosotros con el evan-*
> *gelio de Cristo. No nos gloriamos desmedidamente en tra-*
> *bajos ajenos, sino que esperamos que conforme crezca*
> *vuestra fe seremos muy engrandecidos entre vosotros,*
> *conforme a nuestra regla; y que anunciaremos el evange-*
> *lio en los lugares más allá de vosotros, sin entrar en la*
> *obra de otro para gloriarnos en lo que ya estaba preparado*
> *(2 Co. 10:13-16).*

La sensibilidad de Pablo se observa singularmente en la manera en que, con tacto, llevó adelante las negociaciones con Filemón sobre Onésimo:

> *Pero nada quise hacer sin tu consentimiento, para que*
> *tu favor no fuese como de necesidad, sino voluntario*
> *(Flm. 14).*

LA VALENTÍA DE UN LEÓN APOSTÓLICO
La prueba de valentía de un líder incluye su capacidad para enfrentar hechos y situaciones desagradables o incluso devastadores sin entrar en pánico, así como su disposición para tomar acciones firmes, cuando la necesidad lo requiere, incluso si no son populares. "Porque lo correcto es lo correcto, seguir lo correcto consiste en sabiduría ante el temor de las consecuencias".

La valentía moral de Pablo coincidía con su valentía física, que era de gran nivel. No lo detenían los posibles sufrimientos ni el peligro presente cuando era consciente de que estaban en el camino del deber. La tenacidad de su valor se evidencia en sus propias palabras:

> *Ahora, he aquí, ligado yo en espíritu, voy a Jerusa-*
> *lén, sin saber lo que allá me ha de acontecer; salvo que*
> *el Espíritu Santo por todas las ciudades me da testimo-*
> *nio, diciendo que me esperan prisiones y tribulaciones*
> *(Hch. 20:22-23).*

El valiente apóstol enfrentó a la furiosa multitud como un león para defender al Maestro.

> *Y queriendo Pablo salir al pueblo, los discípulos no le dejaron. También algunas de las autoridades de Asia, que eran sus amigos, le enviaron recado, rogándole que no se presentase en el teatro (Hch. 19:30-31).*

Se dio cuenta de que no siempre es nuestro deber el hecho de evitar el peligro.

Pero el suyo no era un coraje que no conocía el miedo. "Y estuve entre vosotros con debilidad, y mucho temor y temblor" (1 Co. 2:3), les dijo a los corintios. Una indiferencia imperturbable hacia el peligro no es una señal de verdadero valor. El hombre que no conoce el miedo no puede conocer la valentía. Pablo conocía el miedo, pero también sabía que Dios no le había otorgado un espíritu de temor, sino "de poder" (2 Ti. 1:7).

Pablo demostró hasta un grado notable ese equilibrio mental ideal, tan estimado por los griegos, que no se inclina ni a la derecha ni a la izquierda. Su valentía no se convirtió en imprudencia, por un lado, ni en timidez, por el otro. Sus cartas revelan cuán poco temerosamente, y aun con ternura, llegaba al nudo de una situación crítica, escribiendo una carta difícil o administrando un reproche merecido.

Pablo no estaba preparado para que las cosas ocurrieran por ocurrir simplemente dejándolo con el corazón roto por un acto de disciplina necesaria. Demostró una tremenda valentía cuando, como un recién llegado, reprochó al gran Pedro por su pretensión.

> *Pero cuando Pedro vino a Antioquía, le resistí cara a cara, porque era de condenar (Gá. 2:11).*

LA DECISIÓN DE UN COMANDANTE DE CAMPO

Uno de los ingredientes esenciales del liderazgo militar eficaz establecidos por el comandante de campo Montgomery era: "Debe tener el poder de una clara decisión". El apóstol Pablo, como comandante de campo espiritual, cumplía plenamente con esta categoría del liderazgo. De hecho, esta era una característica clave de su carácter que demostró en el mismo momento de su conversión.

Cuando se abrieron los cielos y vio al Cristo exaltado, su primera pregunta fue: "¿Quién eres, Señor?" La respuesta: "Yo soy Jesús de Nazaret, a quien tú persigues" (Hch. 22:8), derribó todo su universo teológico, pero de inmediato aceptó

las implicancias de su descubrimiento. Una capitulación absoluta ante el Hijo de Dios era la única respuesta posible y, con
su alma renovada, decidió en ese momento que necesitaba tener una fidelidad y una obediencia sin reservas. Esto condujo
a su segunda pregunta: "¿Qué haré, Señor?" (Hch. 22:10).

La vacilación y la indecisión eran rasgos lejanos a la capacitación de Pablo. Una vez que estaba seguro de los hechos, tomaba una decisión rápida. Para que le otorgaran luz, había
que seguirla. Ver su deber era hacerlo. Una vez que está seguro de la voluntad de Dios, el líder eficiente entrará en acción independientemente de las consecuencias. Estará
dispuesto a quemar sus puentes tras él y aceptar la responsabilidad del fracaso así como del éxito.

La postergación y la vacilación son fatales para el liderazgo.
Una decisión honesta aunque equivocada es mejor que ninguna decisión. De hecho, ninguna decisión es una decisión,
una decisión respecto de que la situación actual es aceptable
En la mayoría de las decisiones, la dificultad no reside en no
saber lo que debemos hacer, sino en convocar el propósito moral para llegar a una decisión sobre él. Este proceso de resolución no le presentaba ningún problema a Pablo.

DAR Y RECIBIR ALIENTO

Ya sea por su temprana asociación con Bernabé (con el significado de "Hijo del aliento", así llamado por sus colegas), o
no, Pablo mismo se especializó en el ministerio. El aliento es
un elemento constantemente recurrente en sus cartas a las
iglesias, en especial a esas iglesias que están atravesando duras pruebas. Si bien él mismo era tan fuerte de carácter y de fe,
no estaba exento del desaliento o de la depresión. Alcanzó un
alto grado de triunfo en la vida cristiana, pero no lo logró de
la noche a la mañana.

Pablo testificó:

> *Pero Dios, que consuela a los humildes, nos consoló
> con la venida de Tito (2 Co. 7:6).*

Además sostuvo:

> *No lo digo porque tenga escasez, pues he aprendido a
> contentarme, cualquiera que sea mi situación (Fil. 4:11).*

La implicancia es que este no había sido siempre el caso, pero que finalmente había dominado el secreto de ponerse de pie ante circunstancias desalentadoras. Fue un proceso de aprendizaje para él, de modo que nosotros también podemos tomar valor.

> Que nadie piense que de repente en un momento
> todo se logra y el trabajo está hecho;
> aunque con tu amanecer más temprano debes comenzarlo
> poco quedó cuando terminó por el sol poniente.
>
> *F. W. H. Myers*

En la segunda carta a los corintios, en la que se regocija de que su primera carta, más seria, había logrado su propósito, Pablo comparte con ellos algunos de los secretos que había aprendido que le permitieron sobrellevar el desaliento. Dos veces utiliza la frase "no desmayamos" (2 Co. 4:1, 16), y a partir del contexto podemos observar el motivo. En el capítulo 3, había estado describiendo la radiante gloria del nuevo pacto de gracia en comparación con el antiguo pacto de la ley, y luego en 3:18 había revelado el secreto de compartir y reflejar ese brillo.

Así, podemos comprender las declaraciones de Pablo respecto de la energía espiritual en el capítulo 4. "No desmayamos" es una declaración fuerte, que otras traducciones resaltan bien: "nunca cejamos", "no nos desalentamos", "nunca nos caemos". Siempre debe estar presente una fuerte motivación para lograr un fin tan deseado.

Un motivo por el cual Pablo nunca se desalentó era que se le había confiado un ministerio glorioso.

> *Por lo cual, teniendo nosotros este ministerio según la misericordia que hemos recibido, no desmayamos (2 Co. 4:1).*

Pablo debe haberse preguntado en primer lugar si su equivocado celo persecutorio lo habría descalificado para el servicio de Dios. Pero se sintió reasegurado cuando se dio cuenta de que había "recibido misericordia", habiéndole "sido confiado este encargo". No era un hombre con confianza en sí mismo, logrado por esfuerzo propio. Él reconocía que "no que seamos competentes por nosotros mismos para pensar algo como de nosotros mismos, sino que nuestra competencia proviene de Dios, el cual asimismo nos hizo ministros competentes de un nuevo pacto" (2 Co. 3:5-6). Nunca se sobrepuso a la maravilla de que Dios hubiera confiado tanto en él.

Este era un mensaje revolucionario para proclamar. Es difícil para nosotros darnos cuenta de cuán increíble les debe haber parecido a los judíos, puesto que era una inversión completa del concepto del antiguo pacto sobre el cual se basaba toda su vida religiosa. El inexorable: "No…" había sido reemplazado por la empresa divina "Yo haré… yo lo haré". El nuevo pacto vino con la garantía de la facultación divina (Jer. 31:31-34; Ez. 36:25-29; He. 8:8-13). No era un mensaje para una elite espiritual, sino que estaba personalizada especialmente para satisfacer las necesidades de la gente que había fracasado, ¡ un mensaje especial para los fracasos!

"Cuando recibo un mensaje tan glorioso", dijo Pablo, "no es de asombrarse que no pierda el aliento! Es cuando perdemos el sentido del asombro ante el mensaje con el cual hemos sido confiados que nos descorazonamos.

Pablo también tenía la seguridad de haber sido dotado con una nueva fuerza divina cada día.

> *Por tanto, no desmayamos; antes aunque este nuestro*
> *hombre exterior se va desgastando, el interior no obstante*
> *se renueva de día en día (2 Co. 4:16).*

En medio del desgaste y de los sufrimientos a los que estuvo expuesto, su cuerpo realmente se estaba desgastando. Pero esa no es la historia completa: al mismo tiempo tenía lugar un proceso inverso. Su ser interior estaba experimentando una renovación espiritual, nuevos agregados de la fuerza de Dios. "¡No es de asombrarse que no desmayemos!" exclamó Pablo.

Nuestro Padre celestial conoce los esfuerzos y las tensiones involucradas en nuestro servicio hacia Él. No es insensible ante el costo con el que con frecuencia lo llevamos a cabo. Porque conoce cuando estamos próximos al punto de caernos y con el objeto de actuar en contra de esto, promete una renovación diaria. ¿Por qué no nos apropiamos más de Dios si hay una provisión tan grande?

Pablo era muy susceptible a las influencias externas y sentía agudamente la soledad, pero las novedades del avance espiritual de las personas o de las iglesias lo alegraban mucho y lo alentaban.

> *Por ello, hermanos, en medio de toda nuestra necesidad*
> *y aflicción fuimos consolados de vosotros por medio de*
> *vuestra fe (1 Ts. 3:7).*

Descubrió que el aliento era algo de dar y recibir.

FE Y VISIÓN

Una de las funciones más importantes de un líder espiritual consiste en comunicar su propia fe y visión a los que lo siguen. Cuando Pablo encontró a Dios, confió por completo. El mismo apóstol dijo: "Yo confío en Dios que será así como se me ha dicho" (Hch. 27:25).

> No hubo una brecha de credibilidad con Dios en cuanto a lo
> que se refiere a Pablo. La fe en la palabra de Dios que Pablo de-
> mostró en alta mar fue característica de la confianza que tenía
> en Él para que hiciera todo lo que prometió.[3]

Pablo no era otra cosa que un hombre de fe. Su confianza en Cristo era absoluta, y a dónde iba dejaba tras de él a personas cuya fe había sido despertada y renovada. Consideraba la fe como el principio guía de la vida cristiana cotidiana.

> *Porque por fe andamos, no por vista (2 Co. 5:7).*

Pablo pensaba que las señales externas o milagros, o los sentimientos internos que apuntaban a reforzar la fe eran un signo de inmadurez espiritual. La fe tiene que ver con lo invisible y lo espiritual. La vista tiene que ver con lo visible y tangible. La vista concede la realidad solo a las cosas que están presentes y pueden verse.

> *Es, pues, la fe la certeza de lo que se espera, la convic-*
> *ción de lo que no se ve (He. 11:1).*

La fe es confianza, creencia, convicción y tiene relación directa con Dios. De hecho, "sin fe es imposible agradar a Dios" (He. 11:6). La fe de Pablo en Dios era como la de un niño, una confianza sin esfuerzos que nunca fue traicionada. Con un

Dios tal como el revelado por las Escrituras, se sentía más en su casa en el reino de lo imposible que en el de lo posible. Su Dios no conocía limitaciones y por lo tanto era digno de una confianza sin límites.

Fue Pablo quien nos dijo que:

> *La fe es por el oír, y el oír, por la palabra de Dios (Ro. 10:17).*

La verdadera fe no proviene de la introspección, sino de una participación sincera en lo que Dios ha dicho.

Si deseamos tener fe, primero debemos descubrir un hecho divinamente autenticado en el cual pueda asentarse. Pablo nos recuerda que este fue el secreto del padre de la fe, Abraham.

> *Tampoco dudó, por incredulidad, de la promesa de Dios, sino que se fortaleció en fe, dando gloria a Dios (Ro. 4:20).*

La fe se alimenta de la palabra prometida de Dios.

La fe es visión. Pablo podía ver cosas que eran invisibles a los ojos de sus colegas más terrenales. El siervo de Eliseo vio claramente la grandeza del ejército del enemigo, pero la fe de Eliseo le permitió ver las huestes invencibles y circundantes del cielo (2 R. 6). Su fe impartía visión.

Mientras que otros veían dificultades, Pablo veía oportunidades.

> *Pero estaré en Efeso hasta Pentecostés; porque se me ha abierto puerta grande y eficaz, y muchos son los adversarios (1 Co. 16:8-9).*

Lejos de detenerlo, la gran oposición actuó solo como un estímulo para ingresar por la puerta grande.

Si bien en esencia era un realista, Pablo también era optimista. Ningún pesimista hubiera jamás sido un líder inspirador. El hombre que ve las *dificultades* con tanta estrechez que no discierne las *posibilidades* nunca inspirará a otros. Pablo encajaría en la descripción de Browning:

> Alguien que nunca dio la espalda,
> sino que marchó con el pecho hacia adelante,

sin dudar jamás que las nubes se quebrarían,
sin soñar, si bien empeoraba lo correcto,
que lo incorrecto triunfaría.

EL VALOR DE LA AMISTAD

"Uno puede saber de un hombre por sus amigos". Hay mucha verdad en este adagio. La capacidad de un hombre de entablar y mantener amistades duraderas en general servirán como medida de su capacidad de liderar.

A diferencia de otros grandes hombres, tales como el general De Gaulle, Pablo no tenía grandeza en el aislamiento. Era fundamentalmente gregario y poseía en alto grado el poder de captar y mantener el intenso amor y la lealtad de los amigos con los que libremente departía. Su amor por ellos era genuino y profundo.

Pocas veces se encontraba a Pablo trabajando en soledad. Se sintió desesperadamente solo cuando fue aislado. "Tenía un genio para la amistad", escribió Harrington C. Lees. "Ningún hombre del Nuevo Testamento tuvo enemigos más feroces, pero pocos hombres del mundo han tenido mejores amigos. Se agrupaban alrededor de él de manera tan cercana que podemos perder el rastro de sus personalidades en su devoción".[4]

Su felicidad siempre era mayor por la presencia de sus amigos. Hizo su mejor obra cuando estaba acompañado de colaboradores confiables.

Inevitablemente, Pablo involucró a sus amigos en todo tipo de riesgos en nombre de Cristo, puesto que sentían seguridad de su amor y preocupación por ellos. Sus cartas brillan con la calidez de su afecto y apreciación de sus colaboradores.

Fue el consejo de John R. Mott el de "gobernar por el corazón. Cuando fracasan los argumentos y la lógica y otras formas de persuasión, duelen en el corazón: la verdadera amistad". Las amistades personales harán más que atraer lo mejor de otras personas que los argumentos prolongados y hasta exitosos. Pablo era un maestro en este arte.

"Nada puede tomar el lugar del afecto", escribió A. W. Tozer en su biografía de R. A. Jaffray. "Los que lo tienen en medida generosa tienen un poder mágico sobre los hombres".

Corazones que he conocido, de hermana o hermano,
rápidos en la tierra, o enterrados en el césped.

Ah, cada corazón me esperaba,
otro amigo en la inculpable familia de Dios.

F. W. H. Myers

Un gran secreto de las amistades de Pablo era su capacidad de amar sin egoísmo, aunque su amor no encontrara nada a cambio.

Y yo con el mayor placer gastaré lo mío, y aun yo mismo me gastaré del todo por amor de vuestras almas, aunque amándoos más, sea amado menos (2 Co. 12:15).

Lucas, el amado médico, un hombre que puso en riesgo su vida con su amigo Pablo es un ejemplo de intimidad entre los hombres de edad y gustos similares. La amistad de Pablo con Bernabé también fue muy cálida y, con felicidad, sobrellevaron su gran diferencia de opinión sobre la deserción de Juan Marcos.

La amistad de Pablo con Timoteo es un modelo de amistad entre un hombre mayor y un hombre joven. Muchas mujeres, también, estaban entre los amigos que él recordó con afecto (Ro. 16). La capacidad de amistad del apóstol fue un factor fundamental en su capacidad por reproducirse en el liderazgo cristiano.

UNA MODESTIA CONFIABLE

En sus predicaciones y escritos, Pablo utilizó de manera inconsciente sus propias experiencias como ejemplos, y habló de sus propias luchas internas, frustraciones y fracasos. No denigró su propia sinceridad e integridad (2 Co. 1:23, Ro. 9:1-2), ni tampoco se exaltó indebidamente.

Digo, pues, por la gracia que me es dada, a cada cual que está entre vosotros, que no tenga más alto concepto de sí que el que debe tener, sino que piense de sí con cordura, conforme a la medida de fe que Dios repartió a cada uno (Ro. 12:3).

Pablo era plenamente consciente de sus propios fracasos y defectos, en particular puesto que su norma era una madurez "a la medida de la estatura de la plenitud de Cristo" (Ef. 4:13). Confesó hasta la limitación de su propio logro. "No que lo haya alcanzado ya, ni que ya sea perfecto; sino que prosigo, por ver si logro asir aquello para lo cual fui también asido por Cristo Jesús" (Fil. 3:12). Pero en lugar de desalentarse por otras obras morales, solo lo hizo esforzarse "hacia lo que está más allá".

Varios de sus dichos reflejan su propia imagen:

> *¿Qué, pues, es Pablo, y qué es Apolos? Servidores por medio de los cuales habéis creído; y eso según lo que a cada uno concedió el Señor (1 Co. 3:5).*

> *Y estuve entre vosotros con debilidad, y mucho temor y temblor (1 Co. 2:3).*

> *Pues si anuncio el evangelio, no tengo por qué gloriarme; porque me es impuesta necesidad... comisión me ha sido encomendada (1 Co. 9:16-17).*

> *No que seamos competentes por nosotros mismos para pensar algo como de nosotros mismos, sino que nuestra competencia proviene de Dios (2 Co. 3:5).*

Y sin embargo, con esta apreciación propia tan modesta (si bien no mórbida), Pablo exhorta a los corintios: "Os ruego que me imitéis" (1 Co. 4:16). Pero luego en la epístola añade unas palabras importantes:

> *Sed imitadores de mí, así como yo de Cristo (1 Co. 11:1).*

Mostrar su vida como un ejemplo no fue una exhibición de orgullo, puesto que lo que fue y lo que logró había sido realizado por Cristo. "Porque no osaría hablar sino de lo que Cristo ha hecho por medio de mí para la obediencia de los gentiles, con la palabra y con las obras" (Ro. 15:18).

> Ay, puesto que este Pablo, desdén y desprecio,
> débil como se lo conoce y la ruina que uno ve,
> incluso en sus ojos lo verá elevarse,
> la fuerza en las enfermedades y Cristo en mí.
>
> *F. W. H. Myers*

Pablo conocía su propio valor y no permitirá que quienes querían denigrarlo lo subestimaran.

> *Pues aunque sea tosco en la palabra, no lo soy en el conocimiento; en todo y por todo os lo hemos demostrado (2 Co. 11:6).*

A veces, aunque le resultaba desagradable, se sentía obligado a "alardear" en defensa de su posición apostólica, pero habitualmente acompañándolo con una apología.

> *Para vergüenza mía lo digo, para eso fuimos demasiado débiles. Pero en lo que otro tenga osadía (hablo con locura), también yo tengo osadía... Si es necesario gloriarse, me gloriaré en lo que es de mi debilidad... Sin embargo, si quisiera gloriarme, no sería insensato, porque diría la verdad; pero lo dejo, para que nadie piense de mí más de lo que en mí ve, u oye de mí (2 Co. 11:21, 30; 12:6).*

Fue solo con renuencia que habló de sus muchos sufrimientos (2 Co. 11:21-33). Este equilibrio delicado pero completo entre la desaprobación propia indebida y la exaltación propia sirve como un maravilloso modelo para el líder cristiano.

Pablo era bastante generoso en su apreciación de los demás, y carecía totalmente de envidia de sus éxitos o dones espirituales. Le deleitaba asociarse con colaboradores, incluso jóvenes, en términos de *igualdad*. "Porque nosotros somos colaboradores de Dios" (1 Co. 3:9).

Hablando de Timoteo, escribió:

> *Y si llega Timoteo, mirad que esté con vosotros con tranquilidad, porque él hace la obra del Señor así como yo (1 Co. 16:10).*

Se refería a Tito como su "compañero" (2 Co. 8:23). No cabe duda de que estos hombres más jóvenes, a quienes él les delegaba libremente responsabilidades y respeto hubieran hecho cualquier cosa por él.

UNA HUMILDAD PROGRESIVA

La humildad no está incluida en el prospecto de los cursos de liderazgo del mundo, donde la preeminencia, la figura pública y la publicidad propia abundan. No debería ser así entre nosotros, según Jesús.

> *Pero no será así entre vosotros, sino que el que quiera hacerse grande entre vosotros será vuestro servidor (Mr. 10:43).*

Pablo siguió de cerca los pasos de su Señor en ese aspecto. "Pablo no tenía nada de la voluntad propia, de la afirmación exclusiva del gran hombre consciente".[5]

El apóstol que recibía gran estima de los demás vivía en la humildad del gran arrepentimiento. Mientras que no moraba mórbidamente en él, nunca pudo olvidar que había perseguido cruelmente la iglesia de Dios. Y cuando sus enemigos decían que él no debía vivir, no se oponía a su evaluación. Un sentido siempre presente de endeudamiento hizo que tuviera una imagen propia humilde. No tenía deseos de tener una reputación más elevada que la que se había ganado.

> *Sin embargo, si quisiera gloriarme, no sería insensato, porque diría la verdad; pero lo dejo, para que nadie piense de mí más de lo que en mí ve, u oye de mí (2 Co. 12:6).*

Pablo advirtió a los cristianos colosenses que tuvieran cuidado de la humildad consciente, ascética, que es en realidad la forma más sutil del orgullo.

> *Nadie os prive de vuestro premio, afectando humildad y culto a los ángeles, entremetiéndose en lo que no ha visto, vanamente hinchado por su propia mente carnal, y no asiéndose de la Cabeza, en virtud de quien todo el cuerpo, nutriéndose y uniéndose por las coyunturas y ligamentos, crece con el crecimiento que da Dios (Col. 2:18-19).*

La humildad de Pablo fue una cualidad progresiva, que se profundizaba con el paso de los años. Observe sus propias palabras:

> *Porque yo soy el más pequeño de los apóstoles, que no soy digno de ser llamado apóstol, porque perseguí a la iglesia de Dios (1 Co. 15:9).*

A mí, que soy menos que el más pequeño de todos los santos, me fue dada esta gracia de anunciar entre los gentiles el evangelio de las inescrutables riquezas de Cristo (Ef. 3:8).

Palabra fiel y digna de ser recibida por todos: que Cristo Jesús vino al mundo para salvar a los pecadores, de los cuales yo soy el primero (1 Ti. 1:15).

Si bien era genuinamente humilde y sin falsa modestia, Pablo no se quedaba atrás cuando se trataba de defender su puesto y autoridad apostólica.

Pero temo que como la serpiente con su astucia engañó a Eva, vuestros sentidos sean de alguna manera extraviados de la sincera fidelidad a Cristo. Porque si viene alguno predicando a otro Jesús que el que os hemos predicado, o si recibís otro espíritu que el que habéis recibido, u otro evangelio que el que habéis aceptado, bien lo toleráis; y pienso que en nada he sido inferior a aquellos grandes apóstoles (2 Co. 11:3-5).

Uno se maravilla constantemente por el sano equilibrio que Pablo ejerció en áreas muy sensibles.

UNA FORMA CON LA PALABRA ESCRITA

En cualquier posición de liderazgo, la capacidad de comunicarse con claridad y eficiencia, ya sea por medio de correspondencia o de otra obra literaria, es una cualidad con la que debe contarse. Cuando falta, surgen con rapidez los malos entendidos. Pablo, como en muchas otras áreas, era un maestro de este arte. Ya fuera que sus cartas las escribiera en medio de un ocupado ministerio itinerante o desde la incómoda soledad de su celda de la prisión, siempre tuvo éxito en reflejar muy vívidamente su personalidad en sus escritos.

Es en nuestra correspondencia no estudiada que revelamos nuestro verdadero yo, y en sus cartas Pablo emerge de cada página. Sabemos más del hombre a partir de sus cartas que de cualquier otra fuente histórica. Existen modelos para cualquier líder cristiano, que combinan claridad de pensamiento y eficiencia de expresión. Revelan un discernimiento espiritual junto con un sentido común sólido y una preocupación cariñosa.

La rica profusión de pensamiento y el entusiasmo de la verdad que Pablo quería transmitir en ocasiones le hacía romper su hilo de pensamiento o dejar oraciones inconclusas. En los primeros días de la iglesia, Ireneo defendió a Pablo porque "con frecuencia utiliza un orden transpuesto en sus oraciones, debido a la rapidez de sus discursos y del ímpetu del Espíritu que mora en él".

No todas sus cartas fueron agradables y fáciles de escribir. De hecho, en la segunda carta de Pablo a los corintios, se refirió a su primera carta que contenía exhortación y un gran reproche.

> *Porque por la mucha tribulación y angustia del corazón os escribí con muchas lágrimas, no para que fueseis contristados, sino para que supieseis cuán grande es el amor que os tengo (2 Co. 2:4).*

Cuando Pablo tenía que escribir una carta difícil, tenía cuidado de mojar su pluma en lágrimas, no en ácido. Luego de haber escrito su fuerte carta a los corintios, su corazón tierno de pastor le hizo preguntarse si no había sido demasiado severo. No podía dejar de lado su ansiedad de que mal interpretaran lo que él había escrito.

> *Porque aunque os contristé con la carta, no me pesa, aunque entonces lo lamenté; porque veo que aquella carta, aunque por algún tiempo, os contristó. Ahora me gozo, no porque hayáis sido contristados, sino porque fuisteis contristados para arrepentimiento; porque habéis sido contristados según Dios, para que ninguna pérdida padecieseis por nuestra parte (2 Co. 7:8-9).*

Al escribir una carta de esta naturaleza, el objetivo de Pablo no era el de ganar una discusión, sino el de resolver un problema espiritual, restaurar la armonía y la unidad, y producir una creciente madurez. De él podemos aprender que, si bien es importante escribir nuestras cartas con un discurso claro para que se comprenda su significado, es aún más importante que respiren un espíritu de preocupación cariñosa.

Las cartas son un medio relativamente poco satisfactorio de

comunicación. No pueden sonreír y no tienen ojos para expresar amor cuando están diciendo algo difícil. Por lo tanto, debemos tener mucha cautela de que tengan un tono afectuoso. Cuando un amigo mío muy cercano escribía cartas que podrían haber ocasionado sentimientos de dolor, adoptó la práctica de no tocarlas durante la noche y de volverlas a leer por la mañana para asegurarse de que el tono y el espíritu eran los correctos.

El aliento y la inspiración abundaban en la correspondencia de Pablo. Siempre apuntaba al enriquecimiento espiritual de quienes las recibían, pero eso no significaba que se refrenara de la corrección fiel y del reproche, cuando correspondían.

> Hijitos míos, por quienes vuelvo a sufrir dolores de parto, hasta que Cristo sea formado en vosotros, quisiera estar con vosotros ahora mismo y cambiar de tono, pues estoy perplejo en cuanto a vosotros (Gá. 4:19-20).

Las cartas fueron una parte importante del programa de seguimiento de Pablo, contribuyendo grandemente al crecimiento y el desarrollo de las iglesias a las que escribía. George Whitefield, el evangelista con lengua de plata, emuló a Pablo en esta área. Se decía que después de predicar ante grandes multitudes, con frecuencia se quedaba despierto hasta las tres de la madrugada escribiendo cartas de instrucción y aliento a nuevos conversos.

Nadie se hubiera sorprendido más que Pablo si alguien le hubiera dicho que sus cartas pastorales se convertirían en una de las fuerzas de mayor influencia en la historia religiosa e intelectual del mundo. Fueron escritas como parte del trabajo común de todos los días, sin "pensamiento de fama o de futuro". Si bien no son tratados formales y a veces carecen de pulimiento literario, las cartas de Pablo tienen elocuencia y atracción por sí mismas. No puede calcularse su influencia a lo largo de los siglos.

Tolstoi agrega otro pensamiento:

> Cuán extraño y raro les hubiera parecido a los educados romanos de mediados del siglo I que las cartas enviadas por un judío errante a sus amigos y pupilos hayan tenido cien, mil, cien mil veces más lectores y más circulación que todos los poemas, odas y elegías y elegantes epístolas de los autores de esos días, y sin embargo eso es lo que ocurrió.

EL ARTE DE ESCUCHAR

Un aspirante a político se dirigió a Oliver Wendell Holmes y le preguntó cómo podría ser elegido para ocupar un puesto. Éste respondió: "Poder escuchar a los demás en forma comprensiva y dispuesta tal vez sea el mecanismo más eficaz del mundo para relacionarse con la gente, y conseguir su amistad para siempre. Muy pocas personas practican la 'magia blanca' de ser buenos escuchas".

Una vez un misionero me habló sobre su supervisor. "No me escucha", se quejó. "Antes de que tenga la oportunidad de plantear realmente el problema, me da su respuesta". Esta es la falla del conversador compulsivo: le teme a un momento de silencio. Pero se debe dominar el arte de escuchar a los colegas de uno si el líder tiene intenciones de llegar a la raíz de los problemas a resolver. De otro modo, probablemente trate el síntoma mientras la verdadera enfermedad permanece sin ser tratada.

Cuando estaba intentando recaudar votos en momentos en que Singapur estaba en camino de la independencia, Lee Kuan Yew, ahora primer ministro de la república, transcurría todos los sábados por la tarde y la noche en uno de los cincuenta distritos electorales. Invitaba a cualquier ciudadano en problemas a encontrarse con él y contarle su problema. Escuchaba pacientemente los lamentos de su pueblo y cada vez que era posible se esforzaba por ayudarlos. ¿Cuál fue el resultado? Fue reelegido en cada uno de los distritos. Creía en y practicaba la terapia de escuchar, y cosechó sus recompensas. Un oído atento es un bien invalorable.

Escuchar es un intento genuino por comprender lo que la otra persona desea descargar, sin prejuzgar el tema. Un problema con frecuencia encuentra la mitad de su respuesta cuando se pone sobre la mesa y se lo comparte con alguien que escucha con compasión. Un misionero que se convirtió en víctima se quejó: "¡Si solo me hubiera escuchado! Yo necesitaba a alguien con quien compartir mi problema".

La sensibilidad hacia las necesidades de los demás se expresa mejor escuchando que hablando. Los líderes con demasiada frecuencia transmiten la impresión, consciente y por cierto inconscientemente, de que están demasiado ocupados como para escuchar. En tal caso, el líder y el colega son ambos perdedores. Feliz es el líder que, en medio de los deberes apremiantes, da la impresión de que cuenta con mucho tiempo para compartir el problema. Es el que con mayor probabilidad brinde una solución. El tiempo dedicado a escuchar no es tiempo perdido.

Escribiendo sobre Napoleón, D. E. Hoste dijo:

> Era un buen escucha y poseía un alto grado del don de aplicar el conocimiento especial de los demás a un conjunto de circunstancias en particular. ¿Acaso la historia no demuestra que todo gran hombre es más o menos así?[6]

Al leer entre líneas, no resulta difícil darse cuenta de que Pablo era un hombre que conocía el valor de escuchar. Cuando la gente de la iglesia de Corinto estaba nadando en medio de una gran cantidad de problemas para los cuales no encontraban solución, sabían que podían encontrar un corazón comprensivo y un oído que los escuchara en Pablo. Su primera carta fue su respuesta a ellos.

UN HOMBRE GENEROSO Y DE MENTE AMPLIA

El milagro transformador de la conversión pocas veces encuentra un ejemplo más claro que en el caso de Pablo. El hombre que corría por el camino a Damasco en su cruel misión era un prejuicioso fanático con una mente estrecha. El hombre ciego que fue llevado de regreso a Damasco por fin tenía dentro de él la hechura de un santo generoso y de mente amplia. El fariseo de mente estrecha iría a cualquier lado para destruir a la iglesia. El cristiano de mente amplia iría a cualquier parte ahora para defenderla y ampliarla.

¿Dónde reside el cambio? No solo Pablo había visto al Cristo viviente, sino que ahora Cristo moraba dentro de su corazón, engrandeciéndolo inconmensurablemente y ampliando sus horizontes. El Espíritu Santo había derramado el amor sin fronteras de Dios en su corazón (Ro. 5:5), y por lo tanto el fanático se tornó tolerante.

Cuando alguno de sus implacables oponentes predicaban a Cristo "por envidia y contienda... pensando añadir aflicción a mis prisiones" (Fil. 1:15-17), hubiera sido sencillo para el Pablo anterior haberlos denunciado. Pero el nuevo Pablo dijo:

> *¿Qué, pues? Que no obstante, de todas maneras, o por*

pretexto o por verdad, Cristo es anunciado; y en esto me gozo, y me gozaré aún (Fil. 1:18).

Pese a su gran flexibilidad, cabe enfatizar que Pablo no era tan tolerante como para conceder las verdades esenciales de la fe, ni tampoco era tan amplio como para ser poco profundo.

LA NECESIDAD DE LA PACIENCIA

¿Estaba equivocado Juan Crisóstomo en su juicio cuando denominó a la paciencia la reina de las virtudes? Nuestro empleo de esta palabra es demasiado negativo y pasivo como para transmitir el rico significado de la palabra que Pablo utilizaba con tanta frecuencia.

William Barclay invistió a la palabra paciencia con un significado muy pleno y atractivo. Comenta sobre esta palabra según se la emplea en el siguiente pasaje:

> *Vosotros también, poniendo toda diligencia por esto mismo, añadid a vuestra fe virtud; a la virtud, conocimiento; al conocimiento, dominio propio; al dominio propio, paciencia; a la paciencia, piedad (2 P. 1:5-6).*

> La palabra nunca significa el espíritu que se sienta de brazos cruzados y simplemente soporta cosas. Se trata de tolerancia victoriosa, de constancia masculina ante las pruebas. Es la firmeza cristiana, la aceptación valiente y plena de coraje de todo lo que la vida puede hacernos, y la transmutación de incluso lo peor a otro paso en el camino ascendente. Es la capacidad valerosa y triunfante de tolerar las cosas, lo que le permite a un hombre pasar un momento difícil y no quebrarse, y siempre saludar a lo invisible con una sonrisa.[7]

El profesor Barclay pudo haber dibujado una imagen de la palabra del apóstol, ya que ilustra con tanta plenitud la cualidad que tenía Pablo.

Esta cualidad o virtud de la paciencia es fundamental, en especial en relaciones con las personas. Es aquí que la mayoría de nosotros fallamos. Pablo perdió en este punto en su desacuerdo con Bernabé (Hch. 15:36-40), y también cuando habló irrespetuosamente al sumo sacerdote (Hch. 23:1-5). Pero estas fueron raras excepciones, no la regla.

El hombre que es impaciente con las debilidades y fallas de los demás tendrá problemas con su liderazgo.

Así que, los que somos fuertes debemos soportar las flaquezas de los débiles (Ro. 15:1).

El buen líder sabe cómo adaptar su ritmo al de su hermano más lento.

La paciencia es esencial, especialmente cuando buscamos conducir con persuasión y no con órdenes. No siempre es sencillo hacer que otro pueda ver su punto de vista y actuar consiguientemente, pero hay un gran valor en cultivar el arte de la persuasión que permite que el individuo tome su propia decisión.

> Nuestra vida es como el dial de un reloj.
> Las manecillas son las manos de Dios que pasan y pasan.
> El minutero es la mano de la disciplina;
> La aguja que marca la hora es la mano de la misericordia
>   eterna.
>
> Lenta y seguramente la disciplina debe pasar,
> y Dios habla en cada golpe su Palabra de gracia,
> pero siempre en la manecilla de movimientos misericor-
>   diosos,
> con sesenta bendiciones para enfrentar las pruebas.
>
> Cada momento es una bendición de nuestro Dios,
> cada hora, una lección en la escuela del amor,
> ambas manecillas están ajustadas a un pivote,
> el gran corazón inmutable de Dios en el cielo.
>
>   *S. M. Zwemer*

LA FUERZA QUE IMPULSA LA DISCIPLINA PROPIA

Un líder es capaz de liderar a otros solo porque se disciplina a sí mismo. La persona que no sabe cómo aceptar la disciplina que viene de afuera, que no sabe cómo obedecer, no será un buen líder, ni el que no ha aprendido a imponer disciplina dentro de su propia vida. Los que menosprecian la autoridad constituida en las Escrituras o legalmente, o se rebelan en su contra, raramente califican para elevadas posiciones de liderazgo.

Las alturas alcanzadas y mantenidas por los hombres
no fueron obtenidas por un repentino vuelo,
pero ellos, mientras sus compañeros dormían,
trabajaban ascendentemente durante la noche.

Pablo se impuso una rigurosa disciplina interna en dos áreas:

Libró una guerra contra su cuerpo.

*Así que, yo de esta manera corro, no como a la ventura;
de esta manera peleo, no como quien golpea el aire, sino
que golpeo mi cuerpo, y lo pongo en servidumbre, no sea
que habiendo sido heraldo para otros, yo mismo venga a
ser eliminado (1 Co. 9:26-27).*

Aquí Pablo estaba expresando un temor genuino, una posibilidad real. Todavía no había completado el curso. Incluso su
vasta experiencia y grandes éxitos no lo habían vuelto inmune
a las sutiles tentaciones del cuerpo. Para que no se produjera
un cortocircuito en su ministerio, estaba dispuesto a llevar a
sus apetitos corporales a una disciplina propia tan estricta
como la de los atletas espartanos en la arena.

Bien, déjame pecar, pero no con mi consentimiento,
bien, déjame morir, pero dispuesto a estar entero:
Nunca, Cristo, no dejes aplacarme,
que haya una tregua entre mi carne y mi alma.

F. W. H. Myers

El líder cristiano está conciente del peligro de ser vencido
por la demasiada indulgencia de los apetitos físicos o por la
pereza. Un peligro tan grande exige una disciplina propia severa. En el otro extremo de la balanza hay un exceso de actividad física que puede conducir a la fatiga y al agotamiento.
El líder debe estar preparado para trabajar incluso más duro
que sus colegas. Pero un hombre agotado con facilidad se convierte en presa del adversario. Debemos estar alerta a evitar
estos dos peligros.

Libró batalla con sus pensamientos.

Porque las armas de nuestra milicia no son carnales,

sino poderosas en Dios para la destrucción de fortalezas,
derribando argumentos y toda altivez que se levanta con-
tra el conocimiento de Dios, y llevando cautivo todo pen-
samiento a la obediencia a Cristo (2 Co. 10:4-5).

Pablo sabía que el pecado tenía su génesis en la vida pen-
sada, por lo tanto se esforzó constantemente en evitar que sus
pensamientos vagaran y en hacer que lo llevaran bajo el control de Cristo.

Se requiere más que una sólida fuerza de voluntad para llevar y mantener tanto el cuerpo como el espíritu bajo control
divino. Pero Dios ha hecho provisiones para esta capacidad
adicional. "El fruto del Espíritu es... *dominio propio*" (Gá. 5:22-
23). El secreto de Pablo era que estaba "lleno del Espíritu", y
por lo tanto se produjo un fruto espiritual deseable abundantemente en su vida.

Sinceridad e integridad

En sus cartas, Pablo se desnudó como pocos estarían dispuestos a hacerlo, y por ello dejó la impresión de un hombre
totalmente sincero. Durante la Segunda Guerra Mundial, el joven Billy Graham fue invitado por Sir Winston Churchill a encontrarse con él en los edificios del Parlamento en Londres.
Cuando el joven predicador fue conducido a una habitación
grande, para su desmayo se encontró ante la presencia de
todo el Gabinete británico. Pronto Churchill lo hizo sentir cómodo, y Billy tuvo la oportunidad de testificar de su fe. Luego
de haber abandonado la habitación, Churchill le dijo a sus colegas: "Allí va un hombre sincero". La sinceridad es una cualidad inconsciente que tiene revelación propia.

Incluso antes de la conversión de Pablo, esta cualidad de la
sinceridad fue manifiesta dentro de él.

Doy gracias a Dios, al cual sirvo desde mis mayores
con limpia consciencia, de que sin cesar me acuerdo de ti
en mis oraciones noche y día (2 Ti. 1:3).

A lo largo de toda su vida, Pablo fue consciente de su propia integridad, y por lo tanto trabajó diligentemente para
mantenerla.

*Y por esto procuro tener siempre una consciencia sin
ofensa ante Dios y ante los hombres (Hch. 24:16).*

Fue tan sincero en construir la iglesia como lo fue al tratar
de destruirla. Si bien estuvo muy equivocado en sus días de
inquisidor, no hizo concesiones a su consciencia, equivocado
como estaba.

Pablo no se apabulló por el escrutinio de Dios, y por lo
tanto pudo decir:

*Porque aunque de nada tengo mala consciencia, no
por eso soy justificado; pero el que me juzga es el Señor
(1 Co. 4:4).*

El apóstol apeló a Dios para que afirmara su sinceridad.

*Pues no somos como muchos, que medran falsificando la
palabra de Dios, sino que con sinceridad, como de parte de
Dios, y delante de Dios, hablamos en Cristo (2 Co. 2:17).*

SABIDURÍA ESPIRITUAL

Cuando los hombres debían ser seleccionados para una posición de liderazgo subordinada dentro de la iglesia, una de
las cualidades previas especificas fue la sabiduría, un elemento esencial para el buen liderazgo.

*Buscad, pues, hermanos, de entre vosotros a siete varo-
nes de buen testimonio, llenos del Espíritu Santo y de sabiduría, a quienes encarguemos de este trabajo (Hch. 6:3).*

La verdadera sabiduría es más que el conocimiento, que es
la acumulación básica de hechos. Es más que la perspicacia intelectual. Es discernimiento celestial. La sabiduría espiritual
involucra el conocimiento de Dios y lo intrincado del corazón
humano. Involucra la aplicación correcta del conocimiento en
asuntos morales y espirituales y al enfrentarse a situaciones
perplejas y a relaciones humanas complejas. La sabiduría es
una cualidad que refrena a un líder de una acción brusca o ex-
céntrica, impartiendo un equilibrio necesario.

> Conocimiento y sabiduría, lejos de ser uno,
> tienen momentos en que no están conectados. El conoci-
>   miento mora
> en cabezas repletas de pensamientos de otros hombres:
> La sabiduría, en mentes atentas a las suyas propias.
> El conocimiento es orgulloso de haber aprendido tanto,
> la sabiduría es humilde, porque no conoce más.

El lugar elevado que Pablo le otorgó a la sabiduría espiritual se observa en la forma en que constantemente la contrastó
con la sabiduría jactanciosa del mundo.

> *Nadie se engañe a sí mismo; si alguno entre vosotros se*
> *cree sabio en este siglo, hágase ignorante, para que llegue*
> *a ser sabio. Porque la sabiduría de este mundo es insensa-*
> *tez para con Dios (1 Co. 3:18-19).*

La sabiduría es una petición frecuente que Pablo incluía en la
oración a sus conversos e iglesias.

> *Por lo cual también nosotros, desde el día que lo oímos,*
> *no cesamos de orar por vosotros, y de pedir que seáis lle-*
> *nos del conocimiento de su voluntad en toda sabiduría e*
> *inteligencia espiritual (Col. 1:9).*

La sabiduría caracterizó el método intencional de la predicación de Pablo.

> *A quien anunciamos, amonestando a todo hombre, y*
> *enseñando a todo hombre en toda sabiduría, a fin de pre-*
> *sentar perfecto en Cristo Jesús a todo hombre (Col. 1:28).*

La sabiduría caracteriza inevitablemente el ministerio del
líder lleno del Espíritu.

> *La palabra de Cristo more en abundancia en vosotros,*
> *enseñándoos y exhortándoos unos a otros en toda sabidu-*
> *ría (Col. 3:16).*

A Pablo le debemos la revelación de que "Cristo Jesús… nos
ha sido hecho por Dios sabiduría" (1 Co. 1:30).

CELO E INTENSIDAD

Al igual que su Maestro, Pablo ponía todo su corazón y su celo en toda su obra para Dios. La familia de nuestro Señor, mientras observaba su intenso celo, "vinieron para prenderle; porque decían: Está fuera de sí" (Mr. 3:21).

El rey Festo dijo lo mismo de Pablo: "Estás loco, Pablo; las muchas letras te vuelven loco" (Hch. 26:24). La mente mundana compara el celo por Dios con la locura, pero a la vista de Dios es la forma más elevada de sabiduría.

> En cuanto al corazón de tu último apóstol,
> tu mirada brillante impartió entonces
> el fuego inmortal del celo.
>
> *John Keble*

Al hablar a la multitud en el templo de los días en que no se había regenerado, Pablo exclamó: "Instruido a los pies de Gamaliel, ...celoso de Dios, como hoy lo sois todos vosotros" (Hch. 22:3). Pero su temprano celo lo condujo a los terribles excesos que luego se transformaron en su gran dolor.

La intensidad previa de Pablo siguió con él en su vida cristiana, pero el Espíritu lo dirigió hacia canales vastos y productivos. La palabra celo se refiere a algo dentro que "hierve", el entusiasmo que bulle irresistiblemente en el corazón.

Cuando los discípulos vieron a su Maestro en el templo encendido con celo santo y flameando con enojo sin pecado, se asombraron de su demostración de celo intenso hasta que "se acordaron sus discípulos que está escrito: El celo de tu casa me consume" (Jn. 2:17; Sal. 69:9).

En esta cualidad Pablo buscaba imitar a su Señor. Un estudio minucioso de sus cartas y discursos revela que el ideal que deseaba para sus conversos era *una mentalidad que se alumbrara con la verdad de Dios, un corazón que se encendiera con el amor de Dios, y una voluntad abrasada con una pasión por la gloria de Dios.*

Fue la ausencia de estas cualidades la que llevó las solemnes palabras de nuestro Señor a la iglesia de Laodicea (Ap. 3:14-22). Esa acusación no puede cargársele a Pablo. Es el líder celoso, entusiasta el que impresiona con mayor profundidad y permanencia a sus seguidores.

Pablo incidentalmente revela el secreto de su celo cabal en Romanos 12:11, sobre el que se refiere el Arzobispo H. C. Lees:

Sin pereza en el trabajo; mantenido en un punto de ebullición por el Espíritu Santo, haciendo las obras para el Maestro.

El Espíritu Santo es el horno central que mantiene nuestra intensidad y celo. En todos nosotros hay una tendencia sutil a "enfriarnos", y por lo tanto necesitamos constantemente este ministerio que da el calor del Espíritu Santo, que alumbra el combustible con el que alimentamos el fuego.

Cuando ingresó a la casa del Intérprete, el Cristiano de Bunyan se sintió perplejo al observar a un hombre vertiendo agua en el fuego, porque las llamas se encendían aún más. Su mistificación fue disipada cuando vio en la parte trasera del fuego a otro hombre derramando aceite sobre las llamas. En un mundo donde hay demasiadas personas preparadas para verter agua fría, el aceite en el fuego del *celo* es un ministerio misericordioso y raro, "mantenido en su punto de ebullición por el Espíritu Santo".

Vi una vida humana alumbrando por Dios,
sentí un poder divino
como a través de un recipiente de frágil arcilla
vi brillar la gloria de Dios.
Después me desperté de un sueño
y grité con todas mis fuerzas.
Mi Padre, dame
la bendición de una vida consumada,
para que pueda vivir para Ti.

NOTAS

1. Speer, Robert, *The Man Paul* (Londres: S. W. Partridge), p. 289.
2. White, Reginald E. O., *Apostle Extraordinary* (Londres: Pickerings, 1962).
3. Dyet, James T., *Man of Steel and Man of Velvet* (Denver: Accent Books, 1976), p. 55.
4. Lees, Harrington C., *St. Paul and His Friends* (Londres: Robert Scott), p. 11.
5. *Paul, the All-round Man*, p. 124.
6. Thompson, Phyllis, *D. E. Hoste* (Londres: Lutterworth), p. 157.
7. Barclay, William, *Letters of Peter and Jude* (Edimburgo: St. Andrew Press), p. 258.

4

Una visión exaltada de Dios

Lo que viene a nuestra mente cuando pensamos en Dios es lo más importante para nosotros.

A. W. Tozer

La concepción del apóstol Pablo sobre Dios dio forma significativamente a su teología y motivó su servicio. Fue fundamental para la naturaleza de su liderazgo. Como lo demostró J. B. Phillips en su libro, *Your God Is Too Small* (Tu Dios es demasiado pequeño), una visión inadecuada de Dios limitará y afectará adversamente todo lo que intentemos hacer.

La fe de Pablo estaba construida en la doctrina de la Trinidad. El Credo de los Apóstoles sería un resumen de los principios cruciales de su fe, que era esencialmente trinitaria. "Creo en Dios el Padre Todopoderoso... y en Jesucristo su único Hijo, nuestro Señor... Creo en el Espíritu Santo". Concebía a "Dios en la sublime majestad de su ser como un Dios en tres personas. Dentro de la unidad de su ser hay una distinción de 'personas' a quienes llamamos el Padre, el Hijo y el Espíritu Santo".[1]

Para Pablo, Dios era la gran Realidad, y no sentía la necesidad de discutir su existencia. El suyo era un Dios que era soberano en poder, pero compasivo hacia la fragilidad humana y solícito respecto del bienestar humano. La vida sin Dios era inconcebible.

Las ideas de Pablo sobre Dios fueron forjadas por los registros del Antiguo Testamento del tratamiento de Dios con su pueblo. Así, no tuvo problema alguno en creer en lo sobrenatural, puesto que las crónicas hebreas de lo milagroso eran asombrosas.

Una forma de descubrir la concepción que Pablo tenía de Dios consiste en estudiar los métodos por los cuales buscó fortalecer las manos de sus jóvenes protegidos, Timoteo y Tito, por su servicio exigente. Esta marca de nutrición espiritual es una lección valiosa del liderazgo para todos nosotros. *Pablo apuntaba a demostrarle a sus aprendices espirituales un Dios más grande*, impresionándolos con la grandeza y majestad del que tenían el privilegio de servir.

Los diversos títulos para Dios que Pablo empleó en sus cartas pastorales sirvieron, de manera singular, para revelar algunas facetas nuevas de la grandeza y gloria de Dios. Consideremos algunos de los títulos de Dios que forjaron la teología de Pablo y dirigieron sus acciones.

Pablo aclama la buena noticia de Jesucristo como "el glorioso evangelio del *Dios bendito*" (1 Ti. 1:11). Rotherham lo traduce felizmente como "el evangelio de la gloria del Dios feliz". Este título bastante beatífico describe a Dios no como alguien que es objeto de bendición, sino al que goza en sí mismo la plenitud de la felicidad. Vive en la sublime atmósfera de su propia felicidad eterna (He. 1:9). Jesús mismo posee un exceso de gozo que ha transmitido a sus discípulos, un almacén que puede proveernos con una bendición única para nuestra vida.

El título "bendito" se aplica a Dios por dos motivos: (1) Él es por entero *autosuficiente.* Nosotros constantemente luchamos por convertirnos en lo que no somos, con el objeto de obtener aquello de lo que carecemos. Dios no necesita de nada ni de nadie para complementarlo. (2) Él es *perfección absoluta.* La suma total de todas las virtudes reside en Él. Él es el Dios de toda la bendición, donde nada falta ni sobra. Así, Pablo alienta a Timoteo a creer que el evangelio que va a predicar surge de un entorno de gozo, el corazón feliz de Dios, que rebosa perpetuamente.

REY DE LOS SIGLOS, INMORTAL, INVISIBLE, AL ÚNICO Y SABIO DIOS

Inmediatamente después de que Pablo supervisó la sorprendente gracia de Dios "al peor" de los pecadores, él mismo, espontáneamente se dispuso a una doxología que revela la naturaleza y los atributos de Dios, presentándonos visiones únicas de su gloria.

Por tanto, al Rey de los siglos, inmortal, invisible, al único y sabio Dios, sea honor y gloria por los siglos de los siglos. Amén (1 Ti. 1:17).

Veamos más de cerca una por una de estas palabras utilizadas por Pablo para describir a su amado Dios.

"Rey de los siglos" (1 Ti. 1:17): El hombre es una criatura del tiempo, esclavizado por relojes y calendarios, pero Dios es Rey de todos los mundos y todos los tiempos. Su poder y soberanía se demuestran en cada época. Él es el Gobernador absoluto del tiempo.

Dios utiliza a los que intentan destruir a su iglesia para construirla. Substituye el mal por el bien. Se mueve con infinita facilidad a lo largo de los siglos hacia el cumplimiento de su propósito eterno. Pablo describió la providencia de Dios en las vidas de toda la humanidad cuando dijo: "Les ha prefijado el orden de los tiempos, y los límites de su habitación" (Hch. 17:26). Dios dirige los acontecimientos de cada época de la historia del mundo hasta su meta designada. Teje a partir de acontecimientos al parecer contradictorios un patrón armonioso y bello que refleja su propia perfección.

"Inmortal": Solo Dios es totalmente incorruptible, inmortal, no sujeto al proceso de envejecimiento del tiempo y los cambios, el desgaste y la muerte. La inmortalidad es una parte de la misma esencia de Dios, mientras que la inmortalidad se nos da a nosotros solo como un don, derivado de él. Dios nunca cambia (Mal. 3:6).

"Invisible": Ninguna visión inmediata y plena de Dios es posible para el hombre, porque Dios ha elegido permanecer invisible salvo en Cristo, quien dijo: "El que me ha visto a mí, ha visto al Padre" (Jn. 14:9), e incluso en ese caso vemos a Dios solo por medio de la fe. En Cristo ahora podemos ver al que esencialmente invisible (Jn. 1:18). Lo finito nunca puede abarcar por completo lo infinito. Incluso Moisés vio solo el resplandor crepuscular cuando Dios pasó (Éx. 33:22-23).

"Al único y sabio Dios": De hecho, nuestro Dios es el único Dios, no solo numéricamente, sino singularmente. No hay otro como Él. "¿A qué, pues, me haréis semejante o me com-

pararéis?" (Is. 40:25), pregunta. Él es solitario, aunque no se siente solo ni aislado, como lo estaban los dioses griegos.

Rey de reyes y Señor de señores

"El Dios viviente" (1 Ti. 3:15): Fue esta cualidad la que distinguió al Dios de Israel de los dioses paganos. La iglesia que Pablo sirvió con esfuerzo no era un templo de ídolos muertos, sino el templo de un Dios vivo, activo, benefactor.

> *Porque ¿qué es el hombre, para que oiga la voz del Dios viviente que habla de en medio del fuego, como nosotros la oímos, y aún viva? (Dt. 5:26).*

Observe la riqueza de la descripción de Pablo sobre el poder y la deidad de Dios: "El bienaventurado y solo Soberano, Rey de reyes, y Señor de señores, el único que tiene inmortalidad, que habita en luz inaccesible; a quien ninguno de los hombres ha visto ni puede ver" (1 Ti. 6:15-16).

¡Con cuánta facilidad se sumerge Pablo en la doxología! Y esta es una de las mejores doxologías de las Escrituras, cada uno de los siete títulos acentuando la grandeza y trascendencia incomparables de Dios. Veamos algunos de estos hallazgos que son un tesoro.

"El bienaventurado y solo Soberano" es una frase que enfatiza la relación de Dios con el universo y los soberanos mundiales. Él es el Controlador de todas las cosas. El alcance de su autoridad es universal. Él es el bendito y único Soberano, que tiene el derecho de hacer exactamente lo que le plazca. Su soberanía es inherente, no delegada. Los hombres pueden reclamar o ser investidos de títulos honrosos y honorables, pero únicamente Dios es el Rey sobre todos los reyes y el Señor sobre todos los señores. Toda otra soberanía está debajo de su control supremo.

"Que habita en luz inaccesible" es la manera de Pablo de acentuar la falta de acceso a Dios, salvo que Él elija ser accesible. Dios está básicamente más allá del alcance de los meros sentidos humanos. Tales son su majestad y su santidad que ningún hombre podría mirarlo en su gloria revelada y vivir. Él mora en una atmósfera tan extraña que los mortales no pueden acercársele. Pero si bien no podemos aproximarnos muy cerca del sol, podemos gozosamente caminar bajo su luz. No es que Dios sea totalmente inaccesible, puesto que de hecho hay una forma de acercarse, pero ese camino está manchado de sangre.

Hay una forma para que el hombre se eleve
a esa morada tan sublime,
una ofrenda y un sacrificio,
las energías del Espíritu Santo,
un defensor con Dios.

T. Binney

DIOS NUESTRO SALVADOR

La palabra *Salvador* guarda una riqueza de imaginería. Este título es, para Pablo, particular de las epístolas pastorales, pero la idea invade todas las Escrituras. Pablo dijo:

Exhorta a los siervos a que se sujeten a sus amos, que agraden en todo, que no sean respondones; no defraudando, sino mostrándose fieles en todo, para que en todo adornen la doctrina de Dios nuestro Salvador (Tit. 2:9-10).

La palabra griega *soter* por lo general significa liberador. Se utilizaba respecto de un emperador o conquistador que liberaba a la gente de determinada calamidad o que confería grandes beneficios. Dios es en verdad nuestro Salvador del pecado, de la muerte y del infierno. Él es "el Salvador de todos los hombres, mayormente de los que creen" (1 Ti. 4:10). Estas palabras de Pablo nos garantiza la *posibilidad de salvación* de todos los hombres, pero no la *salvación* de todos los hombres. La salvación total requiere el ejercicio de la fe personal. Dios no es en ningún sentido el Salvador *potencial* porque ha provisto la salvación para todos, sino que es el Salvador *real* solo de aquellos que creen.

Tenemos un Dios "que nos da todas las cosas en abundancia para que las disfrutemos" (1 Ti. 6:17). Los eruditos griegos señalan que en este versículo hay un juego de palabras que podría traducirse como: "Los *ricos* no deben confiar en *riquezas* inciertas, sino en Dios, que *abundantemente* provee todo para nuestro gozo, para el alma y el cuerpo, para el tiempo y la eternidad". El nuestro es un Dios benefactor y pródigo, que nos otorga no solo un mínimo de placer y de gratificación, sino que nos brinda en abundancia "todo" lo necesario para el alma y el cuerpo, para el tiempo y la eternidad.

A diferencia de las enseñanzas de los gnósticos de esa época, a quienes Pablo hizo referencia en 1 Timoteo 4:3: "Prohibirán casarse, y mandarán abstenerse de alimentos que Dios creó para que con acción de gracias participasen de ellos los creyentes y los que han conocido la verdad". No solo debemos *participar* de estas cosas, sino *disfrutarlas*, con gratitud al Dador. solo el pecado puede evitar nuestro gozo de la provisión pródiga de Dios. El Dios de Pablo, Timoteo y Tito no es solo feliz, soberano, inmortal, invisible y trascendente, sino también un Dios pródigo, que brinda cosas buenas en abundancia.

En efecto, Pablo está diciéndoles a los jóvenes líderes de todas partes: "Este es el tipo de Dios en el que se puede confiar por completo. Se puede confiar en él e incluso apoyarse en él en vuestro servicio. Nuestro Dios es apto para cualquier emergencia y suficiente para cualquier necesidad que surja en el ministerio que está en vuestro futuro".

DIOS EL HIJO

La fe de Pablo se centraba en la persona y obra de Jesucristo. Para él, el cristianismo era Cristo.

Cuando Pablo dijo:

> *Porque para mí el vivir es Cristo, y el morir es ganancia (Fil. 1:21).*

No estaba usando una licencia poética, sino simplemente declarando un hecho literal y consciente. A causa de su conversión y de la entrega propia a su Señor, el centro de su vida cambió por completo. Antes de ese momento su vida había sido Pablo, pero ahora era Cristo. Las palabras de Martín Lutero en su *Table Talk* (Conversación en la mesa) podrían perfectamente haber sido las de Pablo: "Si alguien golpeara a mi corazón y dijera ¿quién vive aquí?, yo le respondería: 'No vive Martín Lutero, sino el Señor Jesucristo' ".

La versión de Pablo era:

> *Con Cristo estoy juntamente crucificado, y ya no vivo yo, mas vive Cristo en mí; y lo que ahora vivo en la carne, lo vivo en la fe del Hijo de Dios, el cual me amó y se entregó a sí mismo por mí (Gá. 2:20).*

Toda su personalidad y todas sus actividades estaban bajo el dominio de Cristo, permeado por su presencia. Todo el ministerio y el servicio de sacrificio que siguió encontró su fuente en este hecho glorioso. La vida de Pablo era una apreciación continua de Cristo a fin de satisfacer todas sus necesidades cotidianas.

En su carta a Timoteo, Pablo le dijo: "Acuérdate de Jesucristo, ...resucitado de los muertos" (2 Ti. 2:8). No le estaba simplemente diciendo a Timoteo que centrara su atención en el hecho y la doctrina de la resurrección. En cambio, Pablo estaba dirigiendo a su joven protegido a que nunca olvidara a la Persona que resucitó de entre los muertos, puesto que él es en realidad el centro de todo. El cristianismo es Cristo. Desde el momento inicial de esta revelación en la mente de Pablo, todo en su vida giró en torno a Cristo como centro. Cristo estaba siempre en sus labios y en su corazón.

La predicación de Pablo era *Cristocéntrica*. Les declaró a los corintios:

> *Pues me propuse no saber entre vosotros cosa alguna*
> *sino a Jesucristo, y a éste crucificado (1 Co. 2:2).*

Respecto de su ministerio en Corinto, el registro de los inicios de su ministerio dice: "Pablo estaba entregado por entero a la predicación de la palabra, testificando a los judíos que Jesús era el Cristo" (Hch. 18:5). Y en Tesalónica:

> *Y Pablo, como acostumbraba, fue a ellos, y por tres días*
> *de reposo discutió con ellos, declarando y exponiendo por*
> *medio de las Escrituras, que era necesario que el Cristo*
> *padeciese, y resucitase de los muertos; y que Jesús, a*
> *quien yo os anuncio, decía él, es el Cristo (Hch. 17:2-3).*

Estos y otros pasajes similares demuestran la forma en que Pablo le asignaba a Cristo el lugar central tanto en la vida como en el ministerio.

El señorío de Cristo era un énfasis constante del apóstol. Cuando utilizaba el término en sus escritos, el título "Señor" denotaba uniformemente a Cristo. En su entrega inicial, Pablo abrazó sin reservas el señorío de Cristo y la soberanía absoluta sobre su vida. Este compromiso total estaba implícito en la pregunta, "¿Qué haré, *Señor*?". Con rápido discernimiento espiritual, se dio cuenta de que el propósito de la muerte y la resurrección de Cristo iban más allá de la mera salvación del creyente del juicio, teniendo en vista, más aún, la autentica-ción de su señorío.

Más tarde, Pablo expresó la importancia del señorío de Cristo en estas palabras:

> *Porque Cristo para esto murió y resucitó, y volvió a vi-vir,* para ser Señor *así de los muertos como de los que viven (Ro. 14:9).*

Fue un gozo constante del apóstol presionar por el recono-cimiento de "los derechos de la corona del Redentor".

Hay una frase en particular que aparece con bastante fre-cuencia en muchos contextos en los escritos de Pablo, una frase que tiene un gran significado: "en Cristo". La idea que subyace a esta frase parece ser como que el mar es la esfera o elemento en el que viven los peces, así viven los cristianos en la esfera o elemento de Cristo, unidos a él por un vínculo in-visible, aunque inseparable. Toda bendición espiritual es nuestra porque estamos en Cristo, en una unión viviente y vi-tal con él (Ef. 1:3). Un estudio de las apariciones de la frase re-vela una rica vena de verdad.

El mayor pasaje cristológico del Nuevo Testamento pro-viene de la pluma de Pablo: Filipenses 2:5-11. En esta poética confesión de fe, primero afirma *la humillación del Hijo de Dios,* llamando la atención a la existencia previa del Hijo, a su en-carnación y crucifixión. Pablo luego habla de la *exaltación del Hijo del Hombre,* que será honrado y adorado finalmente por toda la creación. En vista de estas verdades gloriosas, el após-tol exhorta: "Haya, pues, en vosotros este sentir que hubo también en Cristo Jesús" (2:5).

DIOS EL ESPÍRITU SANTO

Poco después de su muerte, en su discurso del cuarto supe-rior, nuestro Señor tenía más que decir a sus hombres acerca del carácter y ministerio del Espíritu Santo que en todas sus enseñanzas anteriores. Pero al hablar sobre ese tema, Cristo dijo esta frase misteriosa: "Aún tengo muchas cosas que deci-ros, pero ahora no las podéis sobrellevar. Pero cuando venga el Espíritu de verdad, él os guiará a toda la verdad" (Jn. 16:12-13). Fue principalmente a través de Pablo que se comunicó más tarde esta revelación. Por lo tanto, no debe sorprender en-contrar sus escritos con muchas referencias al Espíritu Santo, puesto que Pablo fue por cierto el principal teólogo de la iglesia inicial.

En la propia experiencia de Pablo, el Espíritu jugó un papel muy importante. Inmediatamente después de su conversión, Pablo fue llenado con el Espíritu Santo (Hch. 9:17); por lo tanto no debe sorprendernos encontrarlo exhortando a los cristianos efesios, y también a nosotros, para ser llenados con el Espíritu (Ef. 5:18). Su llamado a servicio y encargos fueron a través del Espíritu (Hch. 13:1-4). Pablo fue guiado tanto a través de la limitación como de las restricciones del Espíritu (Hch. 16:6-7). Dependía del poder del Espíritu para predicar (1 Co. 2:4) y de la advertencia del Espíritu cuando enfrentaba el peligro inminente (Hch. 21:4, 11-14).

Pablo enfatizaba constantemente la obra del Espíritu en su predicación y enseñanzas. Como Administrador de la iglesia, el Espíritu tomó la iniciativa en la selección de ancianos (Hch. 20:28) y suya fue la voz de autorización en el primer consejo de la iglesia (Hch. 15:28). Cuando Pablo se encontró con un pequeño grupo de hombres en Éfeso, su primera pregunta sondeante fue "¿Recibisteis el Espíritu Santo cuando creísteis?" (Hch. 19:2), y luego los guió hasta esa misma experiencia.

Los diversos nombres que Pablo utilizó para Dios el Espíritu traen a la luz facetas nuevas del ministerio del Espíritu: el "espíritu de sabiduría" (Ef. 1:17); "el Espíritu de santidad" (Ro. 1:4); "el espíritu de adopción" (Ro. 8:15) y "Espíritu de vida" (Ro. 8:2).

Pablo enseño que tanto la justificación como la santificación son el resultado de la obra del Espíritu (1 Co. 6:11). El Espíritu inspira la adoración (Fil. 3:3), mora en nosotros (1 Co. 3:16) y nos fortalece (Ro. 14:17), ayuda en la oración (Ro. 8:26-27), y brinda gozo (1 Ts. 1:6). El Espíritu Santo es el que promueve y mantiene la unidad de la iglesia (Ef. 4:3-4).

Fue el ministerio del Espíritu el que le dio a Pablo la victoria sobre la carne, la naturaleza caída que heredamos de Adán. Es solo a través del Espíritu que podemos hacer "morir las obras de la carne" (Ro. 8:13). Es el deleite del Espíritu Santo producir en la vida del creyente una cornucopia *de fruto espiritual* (Gá. 5:22-23).

Pablo enseñaba que el Espíritu Santo distribuye diversos dones *espirituales* que son esenciales para el liderazgo, la expansión y la construcción de la iglesia. Estos dones son cualidades especiales que deben ser deseadas solo cuando sirven a fines prácticos: la edificación de la iglesia. A fin de ser eficaz, todo tipo de ministerio debe inspirarse y hacerse eficiente por medio del Espíritu Santo, y estos dones son la provisión graciosa de Dios a este fin. Puesto que luchamos contra un enemigo espiritual, solo bastarán armas sobrenaturales.

Se emplean dos palabras griegas para describir estos dones: *pneumatikos* (cosas del Espíritu) y *charisma* (dones de gracia) (1 Co. 12:1, 4). En conjunto, indican que estos poderes extraordinarios son investidos soberanamente sobre individuos como dones por el servicio en la iglesia. Son diferentes de los dones naturales, si bien funcionan a través de ellos. Hay un don para cada creyente (1 Co. 12:7), no solo para una elite espiritual. Estos dones individuales no pueden reclamarse como nuestro derecho espiritual (1 Co. 13:1-2). Para ser redituables, deben ejercerse en el amor (1 Co. 13:1-2). Se invisten con el objeto de equiparnos para el servicio en el cuerpo de Cristo (Ef. 4:11-12).

No se debe despreciar ningún don espiritual, pero algunos tienen más valor que otros (1 Co. 12:31, 14:5). Pablo insta a la primacía de la profecía, puesto que el ministerio de la palabra de Dios es el don de mayor valor. Los líderes deben saber que los dones espirituales pueden atrofiarse mediante la negación (1 Ti. 4:14) y por ende deben ser estimulados (2 Ti. 1:6).

Estos dones no se otorgan por el mero gozo y engrandecimiento del beneficiario, ni incluso por el bien de su propia vida espiritual, sino para ministrar a los demás (1 Co. 14:12), y para que los santos alcancen madurez espiritual (Ef. 4:11-13). Es significativo que ninguno de los dones se refiera directamente al carácter personal de uno; por el contrario, son todos dones para el servicio.

Pocas personas descubren sus dones al principio de sus vidas cristianas; así, con frecuencia permanecen dormidos hasta que la ocasión los revela. Con frecuencia son más evidentes para los demás que para nosotros mismos, pero podemos estar seguros de que para el corazón ejercitado, en el momento oportuno Dios revelará el don o la combinación de dones que son necesarios para satisfacer el ministerio en el cuerpo de Cristo que nos asigna. En 1 Corintios 12-14, el apóstol advierte a los corintios en contra del uso indebido de los dones espirituales, y formula pautas para su ejercicio en la iglesia.

NOTAS

1. Colquhoun, Frank, *Total Christianity* (Chicago: Moody, 1962), p. 60.

5

GLORIÁNDOSE EN LA CRUZ

"Pues me propuse no saber entre vosotros cosa alguna sino a Jesu-cristo, y a éste crucificado" (1 Co. 2:2)

Según el punto de vista de Pablo, la fe cristiana, al igual que una elipse, gira alrededor de dos centros gemelos, el Calvario y Pentecostés, aquellos acontecimientos históricos confirmados. En su conversión, la verdadera importancia de la cruz amaneció en su alma, e inmediatamente después experimentó la bendición del Espíritu Santo que comenzó en Pentecostés. De ahí en más su actitud coherente fue expresada en las palabras "Pero lejos esté de mí gloriarme, sino en la cruz de nuestro Señor Jesucristo, por quien el mundo me es cruci-ficado a mí, y yo al mundo" (Gá. 6:14).

La cruz del Calvario fue una demostración magnífica del amor de sacrificio, pero aparte del poder dinámico liberado por el Espíritu Santo en Pentecostés, todavía estaría muerta. Pentecostés fue el complemento necesario del Calvario. El descenso del Espíritu Santo convirtió en real la experiencia de los creyentes lo que la muerte y resurrección de Cristo había hecho posible.

Entre las muchas facetas de la muerte de nuestro Señor, Pablo acentuó determinados hechos espirituales relevantes que trataremos en este capítulo.

LA MUERTE DE CRISTO FUE UNA PROPICIACIÓN PARA NUESTROS PECADOS

Pablo declaró que somos "justificados gratuitamente por su gracia, mediante la redención que es en Cristo Jesús, a quien

Dios puso como propiciación por medio de la fe en su sangre" (Ro. 3:24-25). Juan agregó su testimonio cuando dijo: "Y él es la propiciación por nuestros pecados; y no solamente por los nuestros, sino también por los de todo el mundo" (1 Jn. 2:2).

Este pensamiento es absolutamente esencial para los cristianos, y se ha repetido una y otra vez en las predicaciones y enseñanzas de Pablo. Dios ha declarado su ira implacable contra el pecado, y su justicia exige que todo pecado halle su justa retribución. Pablo consideraba la muerte de Cristo como una propiciación: un apaciguamiento de la ira de Dios por la carga de Cristo, por la extinción de nuestros pecados, para que no sigan permaneciendo como una barrera entre nosotros y Dios.

LA MUERTE DE CRISTO PROCURÓ
NUESTRA LIBERACIÓN DEL PECADO

Si bien la muerte de Cristo nos garantizó una plena justificación de todo pecado, otorgándonos una condición de justos ante Dios, hubiera fracasado en todo su propósito si nos hubiera dejado como víctimas de la tiranía del pecado. No es suficiente sanar superficialmente una herida externa, que supura, si no se trata la fuente interna de la infección. Puesto que de otro modo, el veneno continuaría circulando en el torrente sanguíneo. El sacrificio perfecto, expiatorio de nuestro Señor no nos deja en un apuro tan trágico.

El propósito de la muerte de Cristo, sostiene Pablo, es tanto positivo como negativo. "Jesucristo, quien se dio a sí mismo por nosotros para redimirnos de toda iniquidad y purificar para sí un pueblo propio, celoso de buenas obras" (Tit. 2:13-14).

Nuestro Redentor no solo nos volvió a rescatar, sino que también nos emancipó de la esclavitud del pecado. Pagó el costoso precio de rescate en las gotas púrpura de su preciosa sangre (1 P. 1:18-19). Por su victoria sobre el diablo, el pecado y la muerte, obtuvo para nosotros la posible liberación de todo tipo de pecado, de *toda* maldad, consciente o inconsciente, "respetable" o no, pecados de la carne o pecados de la mente.

Si se preguntara si esta emancipación de la tiranía del pecado tiene lugar en un momento o a lo largo de un período, la respuesta paradójica sería ¡*en ambos*!. Según la enseñanza de Pablo, la crisis que conduce a la liberación puede suceder cuando el cristiano, consciente de su incapacidad para liberarse por su propia cuenta, reclama su porción del poder de liberación de la cruz. Luego sigue el proceso de santificación en el cual el Espíritu Santo realiza la experiencia potencial *real*. "Sabiendo esto, que nuestro viejo hombre fue crucificado juntamente con él, ...a fin de que no sirvamos más al pecado" (Ro. 6:6).

Una vez terminada la crisis, el proceso de santificación se acelera y continúa mientras el señorío de Cristo se reconozca en verdad. En este proceso, el Espíritu Santo elimina progresivamente lo que nos impida ser transformados a la imagen de Cristo y nos conduce a la experiencia de Romanos 6:18: "Libertados del pecado, vinisteis a ser siervos de la justicia".

LA MUERTE DE CRISTO DEBE CONDUCIRNOS A DEDICARNOS A ÉL

La sorprendente gracia y el amor que se demostró en la cruz exige una respuesta recíproca: El cambio del centro de la vida desde uno hacia Cristo. La aceptación de la propiciación de Cristo significa, lógicamente, el fin de la antigua forma de vida de gratificación propia, y el comienzo de una nueva vida centrada en Él. Vivir para uno luego de haber tomado la costosa salvación del Señor es robarle el fruto de su pasión. "Y por todos murió, para que los que viven, ya no vivan para sí, sino para aquel que murió y resucitó por ellos" (2 Co. 5:15).

Según Pablo, la vida de un cristiano es vista en dos dimensiones: "antes de Cristo" y "después de Cristo", a.C. y d.C. Hasta el momento de la conversión, el yo a.C. ha sido el punto central de referencia. Pero una vez que Cristo ingresa en la vida de uno, el tiempo, los talentos, los amigos, las posesiones y las formas de recreación de esa persona están todas bajo el control del Señor.

En contraposición a la expectativa mundana, abrazar de ese modo la cruz de Cristo, una entrega de esas dimensiones a Él como Señor, trae consigo una libertad que no puede experimentarse de otra manera. "Porque la ley del Espíritu de vida en Cristo Jesús me ha librado de la ley del pecado y de la muerte" (Ro. 8:2). Samuel Rutherford dijo: "Él que mire del lado blanco de la cruz de Cristo y lo tome para sí, descubrirá que es un peso comparable al de las alas para un pájaro".

LA MUERTE DE CRISTO DEBE CONDUCIRNOS A DESAPEGARNOS DE ESTE SISTEMA MUNDIAL ACTUAL

Pablo dijo que la muerte de Cristo no fue meramente un ejemplo noble de heroísmo y una expresión de amor, si bien lo fue, sino que esencialmente se trató de un sacrificio por el pecado.

Pero también tenía un propósito secundario: Rescatarnos del poder y la influencia corrupta de nuestro mundo. "Nuestro Señor Jesucristo, el cual se dio a sí mismo por nuestros pecados para librarnos del presente siglo malo" (Gá. 1:3-4). El término *siglo* en este contexto se refiere a nuestro mundo pecaminoso desde el punto de vista del tiempo y el cambio. Está llegando a su fin y no tiene dentro de él nada de valor eterno inherente. Pablo estaba solamente compartiendo la opinión de su Maestro, dado que Jesús dijo: "Si el mundo os aborrece, sabed que a mí me ha aborrecido antes que a vosotros. Si fuerais del mundo, el mundo amaría lo suyo; pero porque no sois del mundo, antes yo os elegí del mundo" (Jn. 15:18-19).

Jesús tenía en mente algo más que el desapego físico del mundo, puesto que le dijo a su Padre: "No ruego que los quites del mundo, sino que los guardes del mal" (Jn. 17:15). Debemos desapegarnos moral y espiritualmente del mundo mientras estamos en él, pero debe hacerse en *aislación*, no en *aislamiento*, como si viviéramos en un gueto santo. Los creyentes son la sal de la tierra, pero la sal puede ejercer su influencia antiséptica y cáustica solo cuando hay contacto. Es cuando podemos decir junto a Pablo: "el mundo me es crucificado a mí, y yo al mundo" (Gá. 6:14), que podemos lograr nuestro mayor impacto en el siglo maligno en el que vivimos. La condescendencia con el espíritu del siglo realiza un cortocircuito con el poder del Espíritu eterno, y de ese modo neutraliza nuestra influencia espiritual.

La muerte de Cristo fue el medio lógico para procurar su entronización.

"Porque Cristo para esto murió y resucitó, y volvió a vivir, para ser Señor así de los muertos como de los que viven" (Ro. 14:9). ¿Podrían las palabras manifestar con mayor claridad y ser más explícitas respecto del propósito final de la cruz? En los pasajes anteriores estuvimos considerando el propósito de Cristo *para nosotros* en su muerte. Aquí en el punto focal se ubica en el propósito de la cruz *por Él mismo*, para obtener la soberanía total sobre las vidas de las personas por las cuales murió, en el tiempo y en la eternidad.

Pedro proclamó el hecho indiscutible de que "Jesucristo; éste es Señor de todos" (Hch. 10:36), pero su señorío universal ansía nuestro reconocimiento espontáneo de ese hecho. De-masiados cristianos están dispuestos a aceptar todos los bene-ficios de la salvación, pero son renuentes a postrarse ante su plena soberanía. Pablo avizoró un día en el que el reconoci-miento de la soberanía de Cristo sería universal, puesto que "en el nombre de Jesús se doble toda rodilla de los que están en los cielos, y en la tierra, y debajo de la tierra" (Fil. 2:10). Pero nuestro Maestro anhela ese tipo de adoración desde an-tes de ese día. Él preferiría mucho más una coronación volun-taria en vez de un reconocimiento compulsivo.

Idealmente, ese día de la coronación se debería llevar a cabo en la conversión, pero si los reclamos de Cristo respecto del señorío no se concretan plenamente en ese momento, entonces deberá ser entronizado tan pronto como se reconozca esa so-beranía. William Borden, el joven millonario estadounidense que murió camino a su campo de misión, describió esa etapa de la coronación:

> Señor Jesús, quito mis manos en
> cuanto a lo que mi vida se refiere.
> Te sitúo en el trono de mi corazón.
> Cámbiame, purifícame, úsame como tú lo escojas.

6

EL GUERRERO DE ORACIÓN

Pablo fue lector por designación y por reconocimiento y aceptación universal. Tenía muchas fuerzas poderosas en su ministerio. Su conversión tan conspicua y radical fue una gran fuerza, una muestra perfecta de guerra agresiva y defensiva. Su llamado al apostolado fue claro, luminoso y convincente. Pero estas fuerzas no fueron las energías divinas que produjeron los principales resultados de su ministerio. El rumbo de Pablo fue forjado más distintivamente y su carrera tuvo un éxito más poderoso a través de la oración que a través de cualquier otra fuerza.

E. M. Bounds

Leer las cartas de Pablo es descubrir el lugar sumamente importante de la oración en la vida de un líder espiritual. En ningún lado expone un líder la calidad de su propia vida espiritual con mayor claridad que en sus oraciones. Por lo tanto, debemos estar profundamente agradecidos, por la revelación propia no estudiada en las oraciones que abundan en las cartas del apóstol. En sus oraciones, se encuentra en su esplendor.

Es evidente que Pablo no consideraba a la oración como algo complementario, sino fundamental, no como algo que se añadía a su obra, sino como la misma matriz de la cual nacía su trabajo. Era un hombre de acción *porque* era un hombre de oración. Probablemente su oración, más que su predicación, fue lo que produjo el tipo de líderes que encontramos en sus cartas.

Resulta significativo que en ningún lugar Pablo sostiene la lógica o la posibilidad de la oración. Ni siquiera hace un intento por explicarlo, sino que supone que es la expresión natural y normal de la vida espiritual. Pablo no parecía impacientarse ante la tarea de cumplir con sus obligaciones de oración tanto como lo hacemos nosotros, y nunca pareció estar plagado de un corazón condenatorio que le robara su confianza. Consideraba que nada era más importante que la oración.

> La oración es el aliento vital del cristiano,
> el aire nativo del cristiano,
> su consigna ante las puertas de la muerte,
> él ingresa al cielo con la oración.
>
> *J. Montgomery*

Los elementos de la verdadera oración

Las oraciones registradas de Pablo no parecen ser formales ni sumamente estructuradas, y sin embargo no son más que desaliñadas o impensadas. Es claro que no sucedieron al azar, sino que eran el resultado de un pensamiento cuidadoso. Un estudio de las oraciones de Pablo revela una profundidad de adoración, una altura de gratitud y un aliento de intercesión que nos deja con la boca abierta.

En ocasiones el apóstol adopta la doxología, toda su alma llameando en dirección al cielo como el incienso en el altar de fuego. En otras ocasiones, su oración es calma y contemplativa. Un ser divino de la antigüedad afirmó que nuestras oraciones son con frecuencia frías, secas y repetitivas porque hay muy poco de Cristo en ellas. Pero esa acusación no podría hacérsele a Pablo. Mientras estamos en la puerta de su cárcel y escuchamos las oraciones que ascendieron allí, se nos recuerda su oración del Maestro registrada en Juan 17.

Si bien es cierto que la oración no debe ser analizada clínicamente, hay un sentido en el cual puede ser legítimamente dividida en sus elementos constituyentes. Un estudio de las oraciones de Pablo revela un notable equilibrio. Los elementos que conforman una vida equilibrada de oración son fácilmente discernibles. La adoración es una dimensión preeminente de la oración, postrar el alma ante Dios en contemplación, otorgándole la reverencia y el honor que le corresponden. En su adoración, Pablo le dio alabanzas a Dios por lo que *es*, así como también por lo que *hace*.

Las oraciones de Pablo estaban repletas de *gratitud y alabanza*, el reconocimiento de apreciación de los beneficios y las bendiciones que brinda Dios, ya sea a nosotros mismos o a los demás.

La confesión del pecado no tiene un lugar correcto en la vida de nuestro Señor, pero este no fue el caso respecto del apóstol. En sus cartas y directivas, expresó un agudo sentido de su propio pecado. "Y yo sé que en mí, esto es, en mi carne, no mora el bien; porque el querer el bien está en mí, pero no el hacerlo. Porque no hago el bien que quiero, sino el mal que no quiero, eso hago" (Ro. 7:18-19).

> ¡Ah, el arrepentimiento, la lucha y los fracasos!
> ¡Ah, los días desolados y los años inútiles!
> ¡Votos en la noche, tan feroces e ineficaces!
> Tormento de mi vergüenza y pasión de mis lágrimas.
>
> *F. W. H. Myers*

El siguiente elemento importante en la oración es la *petición*, llevar sus necesidades diarias y recurrentes ante su Padre celestial, quien "sabe de qué cosas tenéis necesidad, antes que vosotros le pidáis" (Mt. 6:8). Es notable advertir las prioridades en la oración establecidas por nuestro Señor en su conocida oración ejemplificatoria (Mt. 6:9-13). Hasta no llegar a la mitad de la oración no se mencionan las necesidades personales. La primera parte se refiere a Dios y nuestra relación con Él.

Un énfasis de proporciones similares puede discernirse en las oraciones de Pablo. No fue un ascético que no tenía necesidades, y sin embargo sus necesidades no ocupaban el primer lugar en su orden de prioridades. La mayoría de sus oraciones tenían que ver con las necesidades de los demás. Pero no desechó sacar a la luz sus propias necesidades cotidianas, tanto temporales como espirituales, ante el Señor en confiada expectativa de su satisfacción.

Una gran parte de las oraciones de Pablo tenían que ver con la *intercesión:* la presentación de las necesidades personales de otros ante el trono de la gracia. Este es el costado no egoísta de la oración. Pablo oraba constantemente por sus conversos e iglesias.

La intercesión no tiene en vista el vencimiento de la renuencia de Dios, sino el reclamo de los méritos de Cristo a favor de los otros que se encuentran en mala situación. El desarrollo espiritual de su rebaño era la sangre de la vida de la experiencia de Pablo, como podemos ver en sus oraciones de intercesión.

> Otros, amado Señor, sí, otros,
> esta será toda mi oración;
> ayúdame a vivir para los demás,
> para que pueda vivir como tú.

Henry Martyn experimentó que durante momentos de sequía espiritual y depresión, (¿y quién no atraviesa esas experiencias?), con frecuencia halló "un renacimiento delicioso en el acto de orar por los demás, por su conversión o santificación, o por la prosperidad en la obra del Señor".[1]

LAS CARACTERÍSTICAS DE LA VERDADERA ORACIÓN
Refiriéndose a los hombres que habían conducido la vanguardia en la obra evangelista y de renacimiento, E. M. Bounds dijo:

> No fueron líderes por su brillo de pensamiento, porque tenían recursos inagotables, por su magnífica cultura o investidura nativa, sino *por el poder de la oración, pudieron comandar el poder de Dios.*

Aquí tenemos en pocas palabras el mayor secreto del liderazgo apabullante de Pablo. Si bien él poseía grandes cualidades personales, renunció a la dependencia de ellas, utilizando en cambio la *oración* como su principal canal para la implementación del poder divino.

Las oraciones de Pablo sirven de modelo para los líderes que tienen responsabilidad espiritual. Considere el elemento de perseverancia en sus oraciones. Eran *incesantes*. "Sin cesar me acuerdo de ti en mis oraciones noche y día" (2 Ti. 1:3).

Esto no significa que Pablo no hiciera otra cosa. Utilizó la palabra *incesante* en el sentido de "siempre recurrente". Una tos incesante no es la que nunca para, sino la que persiste constantemente. Cuando la mente de Pablo estaba libre de otras preocupaciones, fuera de día o de noche, su corazón se volcaba a la oración, como lo hace la aguja al polo magnético.

En otras palabras, Pablo no utilizaba el lenguaje de la exageración. Tal vez nos resulta difícil de entender dicha constancia porque nuestras mentes están muy secularizadas, absorbidas con cosas en un nivel separado de Dios. Pero para el guerrero apostólico de la oración, *todo* era motivo de oración o de alabanza a Dios.

Para Pablo orar era un esfuerzo *tenaz*. "Porque quiero que sepáis cuán gran lucha sostengo por vosotros, y por los que están en Laodicea, y por todos los que nunca han visto mi rostro" (Col. 2:1). Este es un aspecto de la oración que muchas personas experimentan pocas veces. La oración no debería ser una ilusión ensoñadora, cómoda. Por cierto hay un aspecto de descanso en la oración, pero no debería ser un escape de la realidad o una vacación de las responsabilidades. "La oración nunca debe ser *indolentemente fácil*, pero puede ser sencilla y confiable", dijo el obispo Moule.

La oración considerada como un conflicto o una lucha incluye las ideas de conflicto y lucha. Pablo sabía que la verdadera oración hace surgir una poderosa oposición en el reino de lo no visible. Hay una palabra griega que a veces se traduce como *lucha* en la frase "Pelea la buena batalla de la fe" (1 Ti. 6:12). Este es un concepto vívido y fuerte, a partir del cual derivamos nuestra palabra *agonizar*. Pablo la emplea en otro lugar cuando describe a un *atleta* compitiendo en la arena (1 Co. 9:25), a un *soldado* luchando por su vida (1 Ti. 6:12), y a un *trabajador* trabajando arduamente hasta que se agota (Col. 1:29). ¡Qué pálidas y tibias parecen nuestras oraciones en comparación! Las oraciones de Pablo con frecuencia llegan a un crescendo de un gemido espiritual (2 Co. 5:2-4). De hecho, el apóstol era un guerrero tenaz de la oración.

> Cómo me he arrodillado con brazos de mi anhelo
> levantado toda la noche en un aire sin respuesta,
> aturdido y sorprendido con supremo deseo
> en blanco con la agonía de la oración.
> ¡Vergüenza por la llama que agoniza en una brasa!
> ¡Vergüenza por la flecha que se disparó con tanta suavidad!
> Sí, yo lo he visto, ¿no puedo recordarlo?
> Sí, yo lo he conocido, ¿y olvidará Pablo?
>
> *F. W. H. Myers*

Pablo infundió una dimensión muy *sumisa* en sus oraciones. Una vez que hubo descubierto la voluntad de Dios, estaba satisfecho con ello. Hay quienes se oponen diciendo que la frase "sea tu voluntad" en una oración es una negación de fe. Si bien esto puede ser verdad en ocasiones, no es necesariamente cierto en todos los casos. Jesús oró: "Padre mío, si no puede pasar de mí esta copa sin que yo la beba, hágase tu voluntad" (Mt. 26:42). Pablo creía en una sabiduría y en una voluntad más allá de la suya propia. Y cuando la voluntad del Padre se tornó clara, cordialmente aceptó una negación divina, y contó con la suficiencia de la gracia divina para permitirle triunfar.

"Respecto a lo cual tres veces he rogado al Señor, que lo quite de mí. Y me ha dicho: Bástate mi gracia; porque mi poder se perfecciona en la debilidad. Por tanto, de buena gana me gloriaré más bien en mis debilidades, para que repose sobre mí el poder de Cristo" (2 Co. 12:8-9).

Las oraciones de Pablo eran *confiadas*. Al parecer la imposibilidad de una situación no lo asustaba ni desalentaba la importancia de la oración. Para un hombre que constantemente vivió en el reino de lo sobrenatural y que mantuvo una comunicación continua con el Dios omnipotente, nada era imposible salvo lo que estaba más allá del alcance de la voluntad divina. Cuando Pablo oraba, esperaba con confianza la intervención sobrenatural de Dios, si de hecho era necesaria. No conoció circunstancias en la que la oración no fuera apropiada.

Un ejemplo característico de esta confianza se registra en Hechos 27:23-25: "Porque esta noche ha estado conmigo el ángel del Dios de quien soy y a quien sirvo, diciendo: Pablo, no temas; es necesario que comparezcas ante César; y he aquí, Dios te ha concedido todos los que navegan contigo. Por tanto, oh varones, tened buen ánimo; porque yo confío en Dios que será así como se me ha dicho".

Las oraciones de Pablo eran *ambiciosas*. Podemos encontrar aliento en el hecho de que incluso el gran apóstol, uno de los mayores exponentes del arte de la oración, no era autosuficiente. Con frecuencia, fue consciente de ello, en muchas áreas, y sintió una fuerte necesidad de la ayuda del Espíritu Santo. "Y de igual manera el Espíritu nos ayuda en nuestra debilidad; *pues qué hemos de pedir como conviene, no lo sabemos,* pero el Espíritu mismo intercede por nosotros con gemidos indecibles" (Ro. 8:26).

Pablo ambicionaba las oraciones de los demás creyentes. De hecho, consideraba las oraciones de ellos para él no como un complemento deseable, sino como un factor importante y determinante en su ministerio. Sus cartas contienen muchos pedidos de oración entre compañeros. Pablo escribió a su familia espiritual en Filipo: "Porque sé que por vuestra oración y la suministración del Espíritu de Jesucristo, esto resultará en mi liberación" (Fil. 1:19). Pablo y sus conversos se dedicaron a una vida de oración mutua.

Así vemos que Pablo consideraba la oración como un *esfuerzo cooperativo* dentro de la iglesia. "Hermanos, oren por nosotros", solicitó a los nuevos creyentes tesalonicenses conversos (1 Ts. 5:25). A los corintios les escribió: "[Dios] el cual nos libró, y nos libra, y en quien esperamos que aún nos librará, de tan gran muerte; cooperando también vosotros a favor nuestro con la oración" (2 Co. 1:10-11).

Pablo ansiaba las oraciones de los demás para asuntos tales como poder hablar con coraje. Oren "por mí, a fin de que al abrir mi boca me sea dada palabra" (Ef. 6:19). Pablo le pidió a Dios que no solo abriera su boca, sino que también abriera puertas para la oportunidad. "Orando también al mismo tiempo por nosotros, para que el Señor nos abra puerta para la palabra" (Col. 4:3).

Las oraciones de Pablo siempre parecieron ser *estratégicas.* En ellas no había trivialidades. Oraba por cosas cruciales para el propósito divino y para el crecimiento y madurez de la iglesia. Sus oraciones revelan los factores que él consideraba de enorme importancia.

En la oración de Colosenses 2:1-3, Pablo sintetizó algunas de las grandes necesidades de los jóvenes conversos y las iglesias emergentes. En este caso estaba orando por personas que nunca había visto, un hecho que debería alentarnos a orar por situaciones misioneras. Oró por su *aliento* ante la fuerte tentación hacia el desaliento, "para que sean consolados sus corazones". Del mismo modo, oró por su *unidad.* En medio de intentos satánicos por promover la división, oró "para que sean…unidos en el amor".

Pablo oró además por su *seguridad*, "para que puedan tener la riqueza plena de la comprensión total". Y finalmente, oró por su *conocimiento* "del misterio de Dios, es decir, de Cristo". Esta poderosa oración conforma un modelo práctico para todos los líderes cristianos.

Las oraciones de Pablo siempre fueron *inspiradas en el Espíritu.* Contaba con el Espíritu Santo para complementar sus debilidades y falta de adecuación (Ro. 8:26-27). Y por cierto es un deleite del Espíritu venir a la ayuda de líderes espirituales en sus debilidades.

Todos trabajamos con una desventaja triple, y el Espíritu nos asiste en cada área: (1) A pesar de la *iniquidad de nuestros corazones,* que tiende a desalentar la oración y traer condena, el Espíritu nos conduce al poder purificador de la sangre de Cristo, ese poderoso solvente para todos los pecados. (2) *La ignorancia de nuestras mentes* la vence fácilmente el Espíritu, que conoce la mente y la voluntad de Dios y la comunica libremente al corazón obediente y receptivo. El Espíritu nos hace saber si el contenido de nuestra oración está o no de acuerdo con la voluntad de Dios. (3) *La debilidad de nuestros cuerpos* con frecuencia actúa como un obstáculo para la oración. El Espíritu nos ayuda a sobreponernos a las condiciones físicas adversas ya sean de salud o del clima.

En el área de la oración, es importante estar alerta para que no caigamos en la independencia inconsciente y no intencional del Espíritu Santo. Siempre debemos "orar en el Espíritu", como nos exhorta Pablo en Efesios 6:18: "Orando en todo tiempo con toda oración y súplica en el Espíritu, y velando en ello con toda perseverancia y súplica por todos los santos" (Ef. 6:18).

NOTAS
1. Moule, Handley C. G., *Secret Prayer* (Londres: Marshall´s), p. 113.

7

UN COMUNICADOR DE DIOS

"Conociendo, pues, el temor del Señor, persuadimos a los hombres" (2 Co. 5:11)

Sin duda alguna, uno de los elementos más potentes del liderazgo de Pablo era su capacidad para comunicar la verdad divina con poder y convicción. La mayoría de los líderes verdaderamente eficaces poseen esta capacidad.

En la Segunda Guerra Mundial, Adolfo Hitler y Winston Churchill fueron las figuras sobresalientes. Los pronunciamientos de Hitler habitualmente no eran dignos de destacar, pero habló con sabiduría cuando dijo: "El poder que puso en marcha las mayores avalanchas de poder en la política y la religión han sido desde el principio de los tiempos la magia de la palabra hablada".[1] Sus propios discursos enloquecidos reivindicaban su punto de vista.

De igual manera, Winston Churchill condujo y puso en marcha el mundo libre mediante sus discursos medidos, intrépidos e inspirados, en momentos críticos al igual que gracias a sus grandes dones políticos y militares.

En lenguaje moderno, Pablo sería descrito como un soberbio comunicador. Era esencialmente un predicador, un heraldo flameante de las buenas nuevas. Si el éxito de su predicación se midiera por los resultados que logró, entonces Pablo fue un predicador por excelencia. Se ganó el derecho a exhortarle a Timoteo: "Prediques la palabra; que instes a tiempo y fuera de tiempo" (2 Ti. 4:2).

El humilde apóstol no creía tener un don de oratoria superior. "Así que, hermanos, cuando fui a vosotros para anunciaros el testimonio de Dios, no fui con excelencia de palabras o de sabiduría" (1 Co. 2:1). Su confianza residía en el Espíritu Santo, no en el sofismo mundano. "Y ni mi palabra ni mi predicación fue con palabras persuasivas de humana sabiduría, sino con demostración del Espíritu y de poder" (1 Co. 2:4).

UN MÉTODO DINÁMICO DE COMUNICACIÓN

Manteniendo la flexibilidad de su mente, el método de comunicación de Pablo se adaptaba a la ocasión. A veces era *polémico*. Satisfacía el razonamiento de quienes lo escuchaban presentando evidencias incontrovertibles. "Pero Saulo mucho más se esforzaba, y confundía a los judíos que moraban en Damasco, demostrando que Jesús era el Cristo" (Hch. 9:22). No adoptaba tácticas evasivas cuando se enfrentaba con un argumento difícil, ni tampoco era un intelectual cobarde, temeroso de aceptar un desafío en defensa de sus creencias. Su púlpito no era el castillo de un cobarde.

La presentación de Pablo de la verdad estaba cuidadosamente razonada. "Así que discutía en la sinagoga con los judíos y piadosos, y en la plaza cada día con los que concurrían" (Hch. 17:17). Su objetivo no era el solo hecho de ganar la discusión, sino de ganar a sus opositores para Cristo.

El método de comunicación de Pablo era *persuasivo*. No presentaba simplemente hechos fríos con lógica convincente y lo dejaba allí, sino que acompañaba su presentación con cálidas peticiones. Prefería convencer en lugar de ordenar o advertir. "Y discutía en la sinagoga todos los días de reposo, y persuadía a judíos y a griegos" (Hch. 18:4).

Pablo creía en un juicio por venir, en que Dios no era un abuelo espiritual indulgente, sino un Dios de juicio que aborrece el pecado con un odio implacable y que finalmente lo eliminará del universo. Esta creencia prestaba urgencia a las palabras de Pablo. "Conociendo, pues, el temor del Señor, persuadimos a los hombres" (2 Co. 5:11). Y en este arte de la persuasión, era singularmente exitoso. "Y entrando Pablo en la sinagoga, habló con denuedo por espacio de tres meses, discutiendo y persuadiendo acerca del reino de Dios" (Hch. 19:8).

Ah, ojalá pudiera contar, ¡seguramente lo creerías!
¡Ah, ojalá pudiera decir solamente lo que he visto!

Cómo contarlo, o cómo lo recibirías,
¿cómo, hasta que Él te llevara a donde yo he estado?

Dame una voz, un grito y una queja.
¡Ah, deja que mi sonido sea un trueno en sus oídos!
Una garganta que gritaría, pero que no puede mantener su
fuerza,
ojos que pudieran llorar, pero no pueden esperar las
lágrimas.

F. W. H. Myers

La predicación del apóstol era con frecuencia *didáctica*, adaptada con el objeto de satisfacer las necesidades especiales de quienes lo escuchaban. Puesto que Pablo era a la vez un predicador y un maestro. Se registran dos períodos principales de gran predicación y enseñanza: dos años en la escuela de Tirano y dieciocho meses en Corinto (Hch. 19:9-10; 18:11). Frecuentemente adoptaba el método de las preguntas y respuestas para apuntalar su enseñanza. Dado que la gente debe contar con una base fáctica para una fe inteligente, él los instruía con esfuerzo en las operaciones concretas de Dios.

Si bien el método de enseñanza de Pablo era muy sólido, también era *versátil*. No había nada estereotipado en su enfoque. Adaptaba su mensaje a su público, como vemos en su discurso en Atenas. Mientras que el contenido básico de su mensaje permanecía constante, se daba cuenta de la importancia de establecer un terreno común con aquellos a los que se dirigía, ya fueran congregaciones judías en las sinagogas, filósofos griegos en la Acrópolis o multitudes paganas en Listra. Se sentía igualmente a sus anchas con gobernadores y funcionarios, filósofos, teólogos y trabajadores.

En cuanto al tono de su predicación, a Pablo no se lo podría acusar con "la maldición de un cristianismo de ojos secos". "Por tanto, velad, acordándoos que por tres años, de noche y de día, no he cesado de amonestar con lágrimas a cada uno" (Hch. 20:31). Y nuevamente el apóstol habló de su llanto: "Porque por ahí andan muchos, de los cuales os dije muchas veces, y aun ahora lo digo llorando, que son enemigos de la cruz de Cristo" (Fil. 3:18). Hay algo conmovedor en las lágrimas de los hombres. Pero Pablo no sentía vergüenza de sus lágrimas por la causa de Cristo.

COLINA DE MARTE: ¿FRACASO O ÉXITO?

El discurso de Pablo en Atenas en la Colina de Marte, registrado en Hechos 17:22-31, es considerado por algunos como su mayor fracaso de comunicación. De acuerdo a su interpretación, en lugar de predicar a "Cristo y su crucifixión", complacía a los distinguidos y eruditos filósofos, equivocando así su oportunidad. En respaldo de su posición, ellos citan su afirmación a los corintios: "Pues me propuse no saber entre vosotros cosa alguna sino a Jesucristo, y a éste crucificado" (1 Co. 2:2), interpretando esto como una reflexión de la resolución de Pablo de cambiar su enfoque.

Sin embargo, otros consideran el discurso ateniense de Pablo como uno de sus grandes mensajes, y sostienen que su enfoque no pudo haberse mejorado más. S. M. Zwemer lo llamó "una maravilla de predicación con tacto y poder". F. B. Meyer dijo: "Sobresale por su gracia y secuencia intelectual, por su grandeza de concepción y alcance, por el hilo de sus elocuentes palabras".[2] Probablemente Pablo se haya sentido desilusionado por la recepción de sus palabras por la mayoría, pero ¿fue Pablo el que fracasó, o fueron los atenienses?

Cualquiera sea la visión que se adopte, este discurso brinda un útil discernimiento sobre las técnicas de comunicación de Pablo. En ellas demostró su increíble versatilidad al convertirse en "todas las cosas para todos los hombres", un intelectual para los intelectuales de Atenas, "por todos los medios posibles" para poder salvar a algunos (1 Co. 9:22). En esto fue sumamente exitoso.

Analicemos los resultados de su predicación en Atenas (Hch. 17:32-34), que incluso Alexander Maclaren desestimó como "poco menos que nada".

Algunos se *burlaron*. Algunas de las personas presentes participaron de burlas irónicas o desdén cínico respecto del mensaje de Pablo.

Algunos *contemporizaron*. Dijeron: "Ya te oiremos acerca de esto otra vez" (17:32), y se quedaron en la indecisión.

Algunos *creyeron*. "Mas algunos creyeron, juntándose con él" (17:34). Así, algunas de las personas presentes abrazaron el mensaje de Pablo. "Dionisio el areopagita, una mujer llamada Dámaris, y otros con ellos" (17:34).

El Areópago era el tribunal supremo de Atenas compuesto por doce jueces. Un equivalente moderno de la fe de Dionisio sería la conversión de un juez de la Corte Suprema de los Estados Unidos. Si se llegara a esa conversión a causa del mensaje de un predicador contemporáneo, ¿ese discurso sería considerado un fracaso? ¿Con cuánta frecuencia se convierten importantes juristas? Pablo mismo dijo que no muchas personas sabias son elegidas por Dios (1 Co. 1:26). Las fuentes de la tradición nos dicen que este mismo Dionisio se convirtió posteriormente en obispo de Corinto.

Otra convertida fue Dámaris, una mujer aristocrática extranjera y muy conocida. Se ha sugerido que probablemente fuera una "temerosa de Dios" que previamente había oído predicar a Pablo en la sinagoga. "Y varios otros" también creyeron. ¡No es un mal resultado para un discurso dirigido a un grupo de reconocidos intelectuales!" ¡Muchos predicadores de hoy día estarían felices de vivir un fracaso así!

Un tema que debe tenerse presente al evaluar el mensaje de Pablo es que fue interrumpido, sin darle oportunidad de completarlo. De ese modo, no tenemos idea de su contenido completo. Es más, no es necesario que concluyamos que el informe muy condensado en Hechos 17 comprende todo lo que él dijo. Puesto que el contenido del mensaje parece estar resumido aquí en las Escrituras, como observamos en el versículo 18: "Parece que es predicador de nuevos dioses; porque les predicaba el evangelio de Jesús, y de la resurrección".

El líder cristiano tiene mucho qué aprender del enfoque de Pablo. Podemos ver que él constantemente se adaptaba a su público. Al dirigirse al pueblo de Pisidia de Antioquía, apeló casi exclusivamente al Antiguo Testamento, con el que estaban familiarizados (Hch. 13:14-41).

Al hablar con los campesinos de Listra, sin embargo, Pablo expresó pensamientos similares en un lenguaje diferente. No empleó referencias al Antiguo Testamento, puesto que ellos lo ignoraban, pero en cambio apeló a la beneficencia de Dios (Hch. 14:15-18).

En Atenas, al dirigirse a los filósofos griegos, Pablo estableció un contacto cercano al citar a sus propios poetas y dando una filosofía bíblica a su historia, continuando con un discurso razonado sobre la naturaleza de la deidad.

La flexibilidad de pensamiento de Pablo para adaptar su mensaje a su público ilustra su frase, convirtiendo "todas las cosas para todos los hombres". La lección para el misionero es que debe estudiar la literatura y la cultura de la gente para que pueda hablar en su misma sintonía, especialmente a los líderes o posibles líderes del grupo.

El preludio conciliatorio de Pablo a su discurso en Atenas es un modelo para imitar. Con gran tacto y cortesía introdujo su tema felicitando a las personas por su evidente interés religioso manifestado en los numerosos altares ubicados alrededor de la ciudad. No comenzó combatiendo sus ídolos. Eso vendría después, luego de haberse establecido el contacto. Ni tampoco citó referencias judías, puesto que no estaban familiarizados con ellas.

Si bien Pablo era bastante flexible, no era concesivo. El apóstol no descendió al nivel de sus oyentes orientados a la filosofía, como si el cristianismo fuera solo otra filosofía más. En cambio, se esforzó por encontrar un elemento en sus creencias actuales a las cuales adjuntar su propio mensaje. Puesto que estaba dispuesto a ganarlos, más que en ganar una discusión intelectual, se limitó a un comentario sobre una inscripción en particular sobre un altar que había llamado su atención. ¡Había encontrado su punto de contacto! "AL DIOS NO CONOCIDO". Con audacia Pablo dijo: "Al que vosotros adoráis, pues, sin conocerle, es a quien yo os anuncio" (Hch. 17:23).

En primer lugar, Pablo enfatizó puntos de similitud en lugar de puntos de diferencia con el objeto de obtener la atención a su mensaje. Pero luego de lograr su fin, se lanzó en una polémica en contra de la idolatría. Su cortesía no lo condujo a condonar el error.

El Dr. S. M. Zwemer señala que si bien es cierto que Pablo dio reconocimiento a algunos de los elementos positivos que pudo encontrar en Atenas, no se complació con su orgullo ático, sino que en cambio lo tomó como un elemento de disputa. Los desafió en cinco puntos principales:

(1) Si bien ellos declararon haber surgido de la tierra, Pablo afirmó que *Dios* creó el mundo y todas las cosas (17:24).

(2) Si bien ellos apuntaron con orgullo a la Acrópolis y su bella arquitectura, Pablo dijo: "El Dios que hizo el mundo y todas las cosas que en él hay, siendo Señor del cielo y de la tierra, no habita en templos hechos por manos humanas" (17:24).

(3) Si bien ellos se sentían infinitamente superiores a los bárbaros, Pablo afirmó: "Y de una sangre ha hecho [Dios] todo el linaje de los hombres, para que habiten sobre toda la faz de la tierra" (17:26).

(4) Si bien ellos se enorgullecían por su cronología y anti-güedad, Pablo respondió que fue *Dios* y no Herodoto, quien "les ha prefijado el orden de los tiempos, y los límites de su habitación" (17:26).

(5) Si bien ellos se enorgullecían por su historia, la vanaglo-riada "Era dorada de Pericles", Pablo declaró que Dios no tomó en cuenta bondadosamente este período de "tal igno-rancia" (17:30).

Así manejó Pablo a los griegos exclusivos, panteísticos, ma-terialistas, desafiándolos a arrepentirse. "Todo el discurso si-gue siendo un modelo para aquellos que buscan en tales círculos presentar la forma cristiana de la fe, y una adverten-cia para aquellos que, en momentos de confusión, han consi-derado una virtud la crudez, y una lealtad a la verdad en la falta de respeto por los puntos de vista, los hábitos de pensa-miento, las actitudes de personas inteligentes que fracasan en todos los aspectos para seguirlos".[3]

El apóstol Pablo nunca pareció confinarse a predicar sermo-nes rígidos y formales. En su contacto con hombres y mujeres de todas las clases, apeló al tema de los temas en el lenguaje y contexto cultural del público al que se estaba dirigiendo.

Notas

1. Gangel, Kenneth, *So You Want to Be a Leader* (Harrisburg: Christian Publications, 1973), p. 14.
2. Meyer, F. B., *Paul*, p. 122.
3. Blaiklock, Edward M, *Bible Characters* (Londres: Scripture Union, 1974), p. 127.

8

El misionero precursor

"Sino que esperamos que conforme crezca vuestra fe seremos muy engrandecidos entre vosotros, conforme a nuestra regla; y que anunciaremos el evangelio en los lugares más allá de vosotros" (2 Co. 10:15-16)

El apóstol Pablo fue un misionero precursor, dejando tras de sí un hilo de nuevas iglesias palpitando con vida. Es un hecho significativo que los mayores avances misioneros de este siglo hayan seguido el redescubrimiento o el nuevo énfasis de los principios misioneros de Pablo.

Escribiendo sobre Pablo en su papel del prototipo de misionero, el Dr. R. E. Speer, un notable misionero y estadista, dijo: "El primer misionero marcó para todos los tiempos las líneas y los principios de la obra misionera exitosa".

Habitualmente se piensa que la experiencia del camino de Pablo a Damasco fue la causa principal de su entusiasmo misionero, y en cierto sentido esto es cierto. Pero, ¿no era ya un ardiente misionero del judaísmo antes de su conversión? Quería ser un misionero así como también un rabino. ¿No fue esta la raíz del excesivo celo persecutorio del hombre? Lejos de apagar esta pasión misionera, su conversión la intensificó, pero orientó radicalmente su rumbo.

Por medio de enseñanzas y del ejemplo, Pablo se aproximó al patrón divino con más cercanía que cualquier otro misionero que el mundo haya conocido. En él, Cristo poseía un instrumento singularmente calificado, finamente sintonizado y apasionadamente dedicado al propósito divino. De hecho,

Cristo lo eligió precisamente porque vio en él una materia prima de misionero de inusual calidad. Otros misioneros, tales como David Livingstone, abrieron continentes al evangelio. Pabló abrió un mundo.

Su llamado general del Señor ya ha sido tratado anteriormente, pero debemos considerarlo con mayor profundidad con relación a sus actividades misioneras subsiguientes. En el camino a Damasco, el Señor intimó a que Pablo hiciera dos cosas únicas respecto de su servicio misionero: (1) su ministerio sería en tierras lejanas y (2) sería dedicado principalmente a gentiles (Hch. 22:21). Puesto que Jesús fue enviado primero y principalmente a "las ovejas perdidas de la casa de Israel" (Mt. 10:6), debía dejar la evangelización de los gentiles a sus seguidores, de los cuales Pablo debía ser el líder.

El carácter universal del evangelio fue lentamente aprendido por los apóstoles. Un paso significativo en esa dirección fue realizado cuando Pedro venció su fuerte fanatismo, yendo a la casa de Cornelio, un centurión romano (Hch. 10:9-48). Pero acontecimientos subsiguientes en Galacia demostraron que su prejuicio había sido disipado por completo (Gá. 2:11-14). La conversión de los gentiles a escala mundial exigía de alguien con una mente más amplia y un corazón más grande que el de Pedro. En Pablo, el Espíritu Santo encontró un instrumento de gran corazón, singularmente preparado. Pero fue solo a través de un proceso gradual que Pablo comprendió todas las implicancias de su llamado (Hch. 13:46; 18:6; 22:19-21).

Se ha sostenido en rigor de verdad que el llamado del misionero actualmente no es un nuevo propósito de Dios para su vida, sino el descubrimiento del propósito por el cual Dios lo envió al mundo, la culminación de una preparación divina que comenzó antes de su nacimiento. Así ocurrió con Pablo. Su carrera como misionero fue de uniforme expansión. Al avanzar en la obediencia, el plan de Dios para su vida comenzó gradualmente a tomar forma. Su carrera fue una demostración del hecho de que la bendición de Dios descansa en una medida incalculable en las fronteras del avance misionero.

MÉTODOS DE LIDERAZGO MISIONERO

El libro de Hechos fue el primer manual misionero del mundo que comprendía tanto la historia como la filosofía de la misión. Abunda en escenas misioneras características y en acontecimientos que brindan una valiosa guía para la misión en cualquier época. Informa sobre fracasos así como también sobre éxitos. Revela principios e indica métodos. Hechos es el comentario de Dios sobre los problemas que se encuentran en la mayoría de los campos de misión hoy día. Cubriendo, como lo hace, un período de treinta y tres años, constituye una demostración gráfica de lo que puede lograrse en el término de una vida por parte de hombres y mujeres comunes que simplemente obedecen a Dios.

Al considerar los métodos que Pablo utilizó como el líder humano de la empresa misionera de los principios de la iglesia, advertimos varios puntos, los que trataremos uno por vez.

(1) Al planificar su estrategia, Pablo "reconoció que las misiones eran una tarea humana que involucraban al hombre en sus relaciones totales y en su identidad nacional, social y cultural. Así, *buscó identificarse* lo más posible *con los estratos nacionales y sociales de la humanidad* con el objeto de presentar aceptablemente el fin inteligible del evangelio. (1 Co. 9:16-23).[1] De la misma manera, adaptó su táctica a su estrategia.

(2) *No confinó sus esfuerzos a cualquier otro estrato de la sociedad.* En este sentido Pablo estaba dispuesto a convertirse "en todas las cosas para todos los hombres". Apuntó a llegar tanto a los no privilegiados como a los que tenían influencias. "A griegos y a no griegos, a sabios y a no sabios soy deudor. Así que, en cuanto a mí, pronto estoy a anunciaros el evangelio también a vosotros que estáis en Roma" (Ro. 1:14-15).

(3) *Dejó de lado aldeas y pequeños pueblos para concentrarse en ciudades estratégicas más grandes*, puesto que estos ejercían mayor influencia sobre la cultura y los hábitos de las personas. Solo de este modo podía asegurarse un crecimiento continuo.

(4) *Pablo consideraba que cada hogar era una iglesia y sus miembros, una posible base de lanzamiento.* Esperaba que esto funcionara como tal en un período relativamente corto. La iglesia tesalonicense le trajo mucha alegría en este aspecto. "De tal manera que habéis sido ejemplo a todos los de Macedonia y de Acaya que han creído. Porque partiendo de vosotros ha sido divulgada la palabra del Señor, no sólo en Macedonia y Acaya, sino que también en todo lugar vuestra fe en Dios se ha extendido" (1 Ts. 1:7-8).

(5) Persiguió una norma de expansión uniforme, pero no dejó de lado un ministerio de consolidación en lugares ya visitados (Ro. 15:20). "Después de algunos días, Pablo dijo a

Bernabé: Volvamos a visitar a los hermanos en todas las ciudades en que hemos anunciado la palabra del Señor, para ver cómo están" (Hch. 15:36). Las cartas fueron parte de su cuidado pastoral de las iglesias.

(6) *Pablo se dedicó en una vida itinerante uniforme y persistente y en el evangelismo personal.* No cometió el error de algunos líderes que aconsejan a los demás lo que ellos no logran hacer.

(7) *Encabezó la causa de los gentiles en contra de los legalistas,* predicando que ya no había barreras en Cristo. "Ya no hay judío ni griego; no hay esclavo ni libre; no hay varón ni mujer; porque todos vosotros sois uno en Cristo Jesús" (Gá. 3:28). No existían las distinciones de raza, clase y sexo.

(8) *Pablo renunció a los métodos superficiales de evangelismo.* El mero evangelismo no lo satisfacía. El objetivo de Pablo era el de plantar iglesias permanentes entre la gente que respondiera a la verdad y conducir a los líderes hasta una plena madurez. En Colosenses 1:28-29 expresó sucintamente el objetivo de su predicación: "A quien anunciamos, amonestando a todo hombre, y enseñando a todo hombre en toda sabiduría, a fin de presentar perfecto en Cristo Jesús a todo hombre; para lo cual también trabajo, luchando según la potencia de él, la cual actúa poderosamente en mí".

Una vez ganado a los conversos, Pablo los formó en iglesias con una organización sencilla y flexible. Anunció el evangelio e hicieron muchos discípulos... Y constituyeron ancianos en cada iglesia, y habiendo orado con ayunos, los encomendaron al Señor en quien habían creído" (Hch. 14:21, 23).

(9) *Predicó un evangelio completo,* la universalidad del pecado y la certidumbre del juicio, la importancia y suficiencia de la cruz y la resurrección y segunda llegada de Cristo. "Por tanto, yo os protesto en el día de hoy, que estoy limpio de la sangre de todos; porque no he rehuido anunciaros todo el consejo de Dios" (Hch. 20:26-27). Incluso cuando estuvo en Tesalónica por un corto período, Pablo presentó toda la amplia gama de verdad en forma embriónica.

(10) *No ofreció anzuelos financieros,* sino, por el contrario, alentó a cada iglesia a que no solo se sustente a sí misma, sino que también fueran generosas al darle a los demás. Al escribirles a los corintios, Pablo citó el ejemplo de la iglesia de macedonia que dio "aun más allá de sus fuerzas" (2 Co. 8:3). Los alentó diciéndoles: "Por tanto, como en todo abundáis, en fe,

en palabra, en ciencia, en toda solicitud, y en vuestro amor para con nosotros, abundad también en esta gracia" (8:7).

(11) *Pablo practicó el arte de la delegación.* Si bien estaba dispuesto a cargar con una tremenda carga de trabajo y responsabilidad por sí mismo, fue lo suficientemente sabio como para no asumir demasiada responsabilidad por las iglesias. Sabía cómo delegar responsabilidades en los demás quienes, quizá menos calificados, crecerían y se desarrollarían al confiarles más responsabilidad. Así, siguió desarrollando un nuevo liderazgo.

(12) Al decir: "Sed imitadores de mí, así como yo de Cristo" (1 Co. 11:1), Pablo estaba estableciendo una norma tremendamente elevada, especialmente en el área del servicio de sacrificio. *Estableció para sus conversos una norma que no era inferior a la que él mismo demostraba.*

(13) *Pablo buscó y cultivó la amistad de los jóvenes prometedores con potencialidad de liderazgo,* enseñándoles a disciplinarse ellos mismos como buenos soldados de Jesucristo. Pablo instó a Timoteo: "Ejercítate para la piedad; porque el ejercicio corporal para poco es provechoso, pero la piedad para todo aprovecha, pues tiene promesa de esta vida presente, y de la venidera" (1 Ti. 4:7-8).

(14) Siempre que fuera el curso más sabio de acuerdo a las circunstancias, no buscó respaldo de las iglesias, sino que se ganó la vida como fabricante de tiendas.

(15) *Tenía una confianza sin límites en el mensaje del evangelio,* y en su poder para transformar a los individuos y a las comunidades (Ro. 1:15-17).

(16) *Tenía el espíritu del pionero espiritual.* "Esperamos que conforme crezca vuestra fe seremos muy engrandecidos entre vosotros, conforme a nuestra regla; y que anunciaremos el evangelio en los lugares más allá de vosotros, sin entrar en la obra de otro para gloriarnos en lo que ya estaba preparado" (2 Co. 10:15-16).

Para Pablo, las puertas cerradas no eran un obstáculo sino un desafío. No suponía que simplemente porque una puerta pareciera estar cerrada él no debía intentar ingresar a través de ella. Ni tampoco se mantenía ocioso permitiendo que el diablo tuviera una victoria sin batalla. Empujaba la puerta para ver si podía permanecer abierta (Hch. 16:7), pero aceptaba la voluntad de Dios sin ninguna objeción cuando resultaba evidente, incluso si estaba en contra de sus deseos.

En ocasiones el deber le impedía al apóstol cumplir su objetivo. "Muchas veces me he propuesto ir a vosotros (pero hasta ahora he sido estorbado)" (Ro. 1:13). A veces era Satanás el que se lo obstaculizaba. "Por lo cual quisimos ir a vosotros, yo Pablo ciertamente una y otra vez; pero Satanás nos estorbó" (1 Ts. 2:18). Pero con frecuencia, Pablo era exitoso en el logro de su objetivo.

¡Vaya hombre! ¡Vaya misionero! Se ganó ricamente la evaluación del decano Farrar sobre él y sus cualidades: "Pablo, enérgico como Pedro y contemplativo como Juan; Pablo el héroe del altruismo; Pablo el poderoso campeón de la libertad religiosa; Pablo un predicador más grande que Crisóstomo, un misionero más grande que Javier, un reformista más grande que Lutero, un teólogo más grande que Santo Tomás de Aquino, el inspirado apóstol de los gentiles, el esclavo del Señor Jesucristo".[2]

LA DISCORDIA CON BERNABÉ

Los misioneros no están exentos de los ataques del adversario, que siempre está alerta para provocar disturbios en la armonía. Incluso los hombres divinos tienen su talón de Aquiles, y Pablo no era una excepción a la regla. La discordia entre él y Bernabé sobre Marcos guarda lecciones importantes para el líder misionero.

En la primera gira misionera de Pablo, Marcos desertó y regresó a su hogar desde Perge. A los ojos de Pablo este fue un serio abandono del deber. Cuando Bernabé quiso llevar consigo a Marcos en su segunda gira, Pablo se opuso firmemente. Consideraba que el joven no tenía el espíritu ni la energía para un viaje tan riesgoso.

Fue fuerte el desacuerdo que trajo aparejada esta situación. "Y hubo tal desacuerdo entre ellos, que se separaron el uno del otro; Bernabé, tomando a Marcos, navegó a Chipre" (Hch. 15:39). La acción de Bernabé era de nepotismo, puesto Marcos era su sobrino. Se encontraba en una colisión de lealtades y optó a favor de su pariente. En el fervor de la discusión, se puso obstinado y Pablo fue intransigente. Llegaron a un impasse, y no existe registro de que oraran juntos por este asunto. En cambio, llegaron a la infeliz solución de ir cada uno por su camino.

En retrospectiva, parece que había elementos de verdad en ambos puntos de vista. Bernabé creía que al joven se le debía

dar el beneficio de una segunda oportunidad, y que finalmente haría las cosas bien. Demostró tener razón. Pablo pensó
más en la importancia de lograr su tarea. Por lo tanto creyó
que era un gran riesgo llevar a un miembro del equipo que
probablemente desertaría nuevamente cuando las cosas se
pusieran difíciles. Su razonamiento no es difícil de seguir.

Sir William Ramsay sostiene que la historia marcha junto a
Pablo, no junto a Bernabé, por que fue uno de los que recibieron la bendición de la iglesia de Antioquía. Por otro lado, la
convicción optimista de Bernabé sobre la posibilidad de salvar
al joven resultó estar bien fundada, y entonces más tarde Pablo le escribió a Timoteo: "Toma a Marcos y tráele contigo,
porque me es útil para el ministerio" (2 Ti. 4:11). Esta era la señal de un gran hombre, de un verdadero líder.

Al parecer la lección respecto de Marcos resultó también ser
positiva, al abrir sus ojos ante su propio defecto de carácter.
Este discernimiento personal, sin duda, lo volvió a buscar la
ayuda de Dios.

La pelea entre Pablo y Bernabé no puede ser justificada ni
condonada, pero Dios "convirtió la maldición en bendición"
(Dt. 23:5). El resultado final fue la creación de dos equipos de
predicación eficientes. La pelea no fue fruto del Espíritu, sino
"para que el pecado abundase; mas cuando el pecado abundó,
sobreabundó la gracia" (Ro. 5:20).

Tal situación es una posibilidad que siempre está presente
en la obra cristiana: Diferencias de opinión que se convierten
en peleas sin oración y que derivan en una brecha de compañerismo. "Y estas cosas… están escritas para amonestarnos a
nosotros" (1 Co. 10:11).

NOTAS

1. Peters, George W., *Biblical Theology of Missions* (Chicago:
   Moody, 1972), p. 165.
2. Sanders, *Bible Men of Faith*, p. 219.

9

LAS OPINIONES DE UN HOMBRE COMPROMETIDO

"Conforme a lo que está escrito: Creí, por lo cual hablé, nosotros también creemos, por lo cual también hablamos" (2 Co. 4:13)

Una mente abierta y una actitud tolerante son sumamente alabadas en los círculos intelectuales, y con razón, siempre que los términos de referencia sean los correctos. Pero hay una apertura de mente y una tolerancia que son simplemente no fundamentadas.

En muchos temas es bastante correcto suspender el juicio: Asuntos que son moralmente neutrales, interpretaciones especulativas de las Escrituras sobre las que no hay una palabra clara u otros temas en los cuales se justifican opiniones alternativas.

Pero hay algunos asuntos sobre los que es correcto tener una mente cerrada. Cuando un cristiano, luego de un pensamiento profundo y una investigación de las Escrituras, ha llegado a conclusiones establecidas, tiene el derecho de mantener sus convicciones. "Cada uno esté plenamente convencido en su propia mente" (Ro. 14:5).

¿Un estudiante de matemáticas tiene una mente abierta respecto de si dos más dos equivalen a cuatro? No. Pero esto no significa que uno no deba estar dispuesto a considerar otros hechos al parecer indisputables. Dicha evasión ameritaría la acusación de oscurantismo. Pero de hecho, uno debe requerir

evidencia incontrovertible para hacerlo cambiar de parecer.
En la vida cristiana, debemos hacernos camino hacia convicciones establecidas como nuestra ancla en el inquieto mar de
la vida.

Una convicción es: "una idea religiosa, ética o política a la
que uno está fuertemente adherido" (Diccionario de la Real
Academia Española de la Lengua). Las opiniones nos cuestan
solo el aliento, pero las convicciones por lo general cuestan la
vida misma. Todos somos prolíficos respecto de las opiniones,
pero pocos son los que luchan su camino a través de firmes
convicciones. Algunas personas confunden los prejuicios con
las convicciones, pero el prejuicio solo nos convierte en faná-
ticos. Debemos arribar a la certeza sobre los hechos básicos de
nuestra fe.

Al igual que todo líder fuerte, Pablo guardaba fuertes convicciones, convicciones que eran como el acero, fuertes y per-
durables. Tenía creencias inmutables respecto de Dios y el
hombre, la vida y la muerte, este mundo y el siguiente. Estas
creencias le dieron color y autoridad a sus líderes. A la gente
le encanta seguir a una persona que cree verdaderamente en
sus creencias.

> No es la sabiduría del predicador sino su convicción lo que
> imparte a los demás. La verdadera llama enciende otra llama.
> Los hombres con convicciones hablarán y serán oídos... Nin-
> guna cantidad de lectura o de brillo intelectual tomará el lugar
> de la convicción profunda y la sinceridad.[1]

Las convicciones no son producto solamente de la razón y
la investigación. Hay algo más que empuja al creyente hacia el
compromiso.

> El corazón tiene razones que la razón no entiende. Es el co-
> razón el que siente a Dios, no la razón. Hay verdades que se
> sienten y verdades que se demuestran, ya que conocemos la
> verdad no solo por la razón sino también por la convicción in-
> tuitiva que puede denominarse el corazón. Las verdades pri-
> marias no son demostrables y sin embargo nuestro conoci-
> miento sobre ellas es de todos modos certero... La verdad
> puede estar por encima de la razón y *sin embargo* no contrapo-
> nerse a ella.[2]

El apóstol Pablo mantenía puntos de vista firmes sobre asuntos que lo enfrentaban como un líder de la iglesia. En este capítulo, analizaremos muchas de sus profundas convicciones.

LA NATURALEZA DE LAS ESCRITURAS

Las convicciones de un líder respecto de la Biblia afectarán profundamente la naturaleza de su liderazgo. El que tiene reservas mentales sobre la inspiración absoluta y la autoridad de las Escrituras inevitablemente tendrá solo una forma tentativa acerca de su manejo y aplicación de la verdad divina. Aquí, como en otros lados, Pablo fija la norma. Su mente estaba sintonizada con la mente de Dios.

La única Biblia de Pablo era el Antiguo Testamento, e incluso antes de su conversión lo trataba con reverencia como los oráculos de Dios. En su capacitación, se aprendía largos tractos de memoria, una práctica invalorable que se observa muy poco hoy día. Mientras estuve recientemente en Japón, ¡un pastor japonés me contó que había leído la Biblia 86 veces durante los últimos siete años! ¡Muchos cristianos apenas la han leído una sola vez!

En sus cartas, Pablo no brindó la mínima pauta de que tuviera alguna duda del origen y la inspiración divinos de las Escrituras. Tuvo que enfrentar, como lo había hecho su Señor, todos los mismos problemas textuales, todos los supuestos errores y discrepancias del Antiguo Testamento con los que tenemos que luchar actualmente. Pero no hay una pizca de evidencia de que estos problemas le hubieran ocasionado alguna preocupación. Estamos en buena compañía cuando tomamos la misma posición.

La confianza de Pablo en la autoridad e integridad de las Escrituras se expresa en estos términos inequívocos: "Toda la Escritura es inspirada por Dios, y útil para enseñar, para redargüir, para corregir, para instruir en justicia, a fin de que el hombre de Dios sea perfecto, enteramente preparado para toda buena obra" (2 Ti. 3:16, 17). El apóstol compartió la convicción de su Señor de que "hasta que pasen el cielo y la tierra, ni una jota ni una tilde pasará de la ley, hasta que todo se haya cumplido" (Mt. 5:18).

Las Escrituras son la Palabra de Dios porque es el aliento de Dios. Se originaron en su mente, surgieron de su boca, si bien,

por supuesto, fue expresada por autores humanos sin destruir
su individualidad ni su autoridad divina en el proceso.

John Stott

Las cartas de Pablo rebosan de referencias al Antiguo Testamento. Un diligente estudiante de la Biblia contó un total de
ciento noventa y una referencias al Antiguo Testamento en los
escritos registrados del apóstol.

No siempre era cuidadoso al citar con exactitud el texto original, pero transmitía el espíritu esencial del mensaje, como
guiado por el Espíritu Santo. Cada vez que leía las Escrituras,
descubría principios y verdades que encajaban con precisión
respecto de sus propias necesidades y la de sus lectores.

La ilimitada confianza de Pablo en la exactitud y confiabili-
dad de las palabras de las Escrituras es evidente. Un buen
ejemplo de la cuidadosa interpretación es su argumento sobre
el empleo del número singular como objeto de la promesa de
Dios. "Ahora bien, a Abraham fueron hechas las promesas, y
a su simiente. No dice: Y a las simientes, como si hablase de
muchos, sino como de uno: Y a tu simiente, la cual es Cristo"
(Gá. 3:16). En su defensa ante Félix, declaró: "Pero esto te con-
fieso, que según el Camino que ellos llaman herejía, así sirvo
al Dios de mis padres, creyendo todas las cosas que en la ley
y en los profetas están escritas" (Hch. 24:14).

El apóstol creía firmemente en la importancia del Antiguo
Testamento en cuanto a la vida y la experiencia de los cristianos del Nuevo Testamento. Refiriéndose a las experiencias de
Israel en el desierto y al juicio que cayó sobre ellos por su pecado, Pablo escribió: "Y estas cosas les acontecieron como
ejemplo, y están escritas para amonestarnos a nosotros, a
quienes han alcanzado los fines de los siglos" (1 Co. 10:11). Y
nuevamente aplicó las Escrituras dirigiéndose a nosotros
cuando dijo: "No solamente con respecto a él [Abraham] se escribió que le fue contada, sino también con respecto a nosotros" (Ro. 4:23, 24).

En vista del evidente amor y reverencia de Pablo por el Antiguo Testamento y el uso frecuente que hacía de él, R. E. Speer
escribió:

Es patético pensar que él probablemente no tuviera una co-
pia de su propiedad. Las Escrituras del Antiguo Testamento estaban en rollos pesados, y eran demasiado caros para tenerlos

en forma individual. En sus largos viajes casi no podía llevarlos consigo, si hubiera estado en condiciones de comprarlos.[3]

¡Con qué grandeza debemos apreciar nuestras Biblias compactas, de fácil lectura y de fácil acarreo!

CÓMO MANEJAR LA CRÍTICA ADVERSA

Cuanto más se eleva un hombre en el liderazgo, más abierto está a las críticas y al cinismo de los rivales o de quienes se oponen a sus opiniones y acciones. La forma en que reacciona tendrá efectos de largo alcance en su obra. Buscar la popularidad puede significar perder el verdadero liderazgo espiritual.

Pablo estableció un valioso patrón en este aspecto. Si bien quería estar bien posicionado entre sus compañeros, no quería hacerlo al costo de perder el favor de su Señor. Expresó su mayor ambición en 2 Corintios 5:9: "Por tanto procuramos también... serle agradables". Al escribirle a los gálatas, preguntó: "Pues, ¿busco ahora el favor de los hombres, o el de Dios? ¿O trato de agradar a los hombres? Pues si todavía agradara a los hombres, no sería siervo de Cristo" (Gá. 1:10).

La opinión adversa de sus compañeros no molestó indebidamente al apóstol, si bien no se salió de su camino para quedar expuesto a las críticas. Pablo escribió a los corintios: "Yo en muy poco tengo el ser juzgado por vosotros, o por tribunal humano; y ni aun yo me juzgo a mí mismo. Porque aunque de nada tengo mala consciencia, no por eso soy justificado; pero el que me juzga es el Señor. Así que, no juzguéis nada antes de tiempo, hasta que venga el Señor" (1 Co. 4:3-5).

Puesto que Pablo sabía "los misterios de Dios" que le habían sido confiados (1 Co. 4:1), podía darse el lujo de ignorar las meras opiniones humanas: "Me importa muy poco si soy juzgado por ustedes". Si la crítica de la iglesia solo a treinta años del fenómeno de Pentecostés podía entonces ser ignorada por el fiel líder, entonces la censura de la tibia iglesia actual debe presentarnos pocos temores.

Tampoco le temía *al juicio del mundo*, "cualquier tribunal humano". Si bien el mundo de hecho no era su juez, fue cuidadoso al preservar un equilibrio. También escribió: "No seáis tropiezo... como también yo en todas las cosas agrado a todos, no procurando mi propio beneficio, sino el de muchos, para que sean salvos" (1 Co. 10:32-33). No luchaba contra una coherencia de madera, "ese espantajo de mentes pequeñas".

"Mendelson no hubiera sometido sus oratorios al juicio de un sordomudo, ni Rafael sus lienzos al juicio de un hombre que nació ciego", escribió D. M. Panton, "así como Pablo no lo hubiera hecho con los misterios de Dios ante un mundo que no conoce ningún Dios".

Él fue aún más allá, afirmando que la posesión de una consciencia perfectamente clara, invalorable como lo es, no brinda total claridad. Si bien la consciencia puede halagarnos, debemos desconfiar incluso de nuestro propio veredicto sobre nosotros debido a la sutileza de nuestros corazones. Pablo dijo que él no era el juez. "Ni siquiera me juzgo a mí mismo. Mi consciencia es clara, pero eso no me convierte en inocente".

"Es el Señor el que me juzga", dijo Pablo, y el Señor conoce toda la información. Podemos ponderar motivos así como también evaluar hechos. Él es el tribunal final de apelaciones. Su juicio es justo e infalible, por lo tanto debemos cancelar el juicio. "No juzguen nada antes del tiempo designado; esperen a que venga el Señor". Nuestros poderes son demasiado limitados, nuestro conocimiento tan inadecuado, nuestra mente demasiado sesgada como para arribar a un juicio correcto. Podemos y debemos confiar todo en las manos competentes del Señor, y al final, "cada uno recibirá su alabanza de Dios" (1 Co. 4:5).

Debemos tener presente que la indiferencia a la opinión humana puede ser desastrosa si no está vinculada con el temor a Dios. Y aún cierta independencia de la evaluación humana puede ser un valioso activo para el hombre disciplinado cuyo objetivo es la gloria de Dios. Para Pablo, la voz del hombre era algo vaga porque su oído estaba sintonizado con la voz más fuerte de la apreciación de Dios. No le temía al juicio del hombre porque era consciente de que estaba parado frente a un tribunal superior.

No juzguen; las obras de su cerebro
y de su corazón, no las pueden ver.
Lo que parece una mancha ante sus ojos borrosos,
a la vista de Dios puede ser solo
una cicatriz bien ganada en algún campo
donde vosotros solo se desmayarían y se rendirían.

UN ARQUITECTO DE LA IGLESIA
La esfera del liderazgo de Pablo era preeminente en la igle-

sia. De hecho, desde el punto de vista humano podría decirse de él que era su arquitecto en jefe. Bajo la guía del Espíritu Santo, Pablo fue altamente responsable de convertirla en el instrumento de compañerismo local y del evangelismo mundial en que luego se convirtió. Vio con claridad que la iglesia era central para los propósitos de Dios.

Si bien en un sentido Pablo era un individualista, no estableció una organización propia en la que fuera "responsable solo ante Dios", como ocurre con tanta frecuencia en nuestros días. Era dolorosamente consciente de las debilidades y fallas de la iglesia. En consecuencia, su determinación fue reforzarla desde adentro. Sus enseñanzas y ejemplo brindaron poco aliento a los que intentaban denigrar a la iglesia. "Por lo tanto, el cristiano individualista, que poco se aferra a la lealtad a la iglesia y que a veces se tienta a subestimar 'el cristianismo organizado' no debe esperar ninguna compasión de parte de Pablo".[4]

En el camino a Damasco comenzó a aprender una valiosa lección: Cristo otorga un gran valor a su iglesia. El Señor dijo: "Saulo, Saulo, ¿por qué me persigues?" (Hch. 9:4). ¡El que tocaba a la iglesia tocaba a Cristo! Pablo llegó a darse cuenta de que "Cristo amó a la iglesia, y se entregó a sí mismo por ella" (Ef. 5:25). De hecho, Cristo compró la iglesia con "su propia sangre" (Hch. 20:28). Fue el propósito de Dios que "la multiforme sabiduría de Dios sea ahora dada a conocer por medio de la iglesia a los principados y potestades en los lugares celestiales, conforme al propósito eterno que hizo en Cristo Jesús nuestro Señor" (Ef. 3:10-11).

Esta alta estima por la iglesia hizo que Pablo la mantuviera como centro de sus pensamientos y planificaciones. Es interesante advertir que muchas de las figuras idiomáticas que Pablo emplea para describir a la iglesia no son estáticas, sino vitales, un organismo viviente, creciente en lugar de una simple organización. Pablo veía a la iglesia como el cuerpo místico de Cristo (Col. 1:24). En la iglesia, veía unidad en medio de la diversidad: "Porque de la manera que en un cuerpo tenemos muchos miembros, pero no todos los miembros tienen la misma función, así nosotros, siendo muchos, somos un cuerpo en Cristo, y todos miembros los unos de los otros" (Ro. 12:4-5).

El concepto de Pablo de la relación matrimonial como imagen de la iglesia (Ef. 5:22-32) se desarrolla más aún cuando se denomina a la iglesia la novia de Cristo, con toda la riqueza de la imaginería que esa figura comprende (Ap. 19:7; 21:9-10). No podría imaginarse una relación más tierna y cariñosa.

Pablo no consideraba a la iglesia como una institución monolítica, sino como una familia afectuosa y cuidadosa, *la familia de Dios*, con todas las interrelaciones alegres que dicha familia ideal involucra. "Dios hace habitar en familia a los desamparados" (Sal. 68:6), ubica a los cristianos en iglesias donde, idealmente, el pueblo de Dios se sirve uno al otro y carga con los pesos del mismo modo. Él es "de quien toma nombre toda familia en los cielos y en la tierra" (Ef. 3:15).

La figura de un edificio, un templo que está en proceso de construcción, del que Cristo es el cimiento y principal piedra, también es adoptada por Pablo. Es "un templo santo en el Señor... edificados para morada de Dios en el Espíritu" (Ef. 2:21-22). Cada nuevo creyente es una piedra viviente incorporada en ese edificio divino.

La iglesia también es el guardián de la verdad de Dios y el testigo de ella, puesto que es "la iglesia del Dios viviente, columna y baluarte de la verdad" (1 Ti. 3:15). En ningún lado Pablo representa a la iglesia como sin defecto o infalible, él conocía muy bien sus debilidades. Cuando habló de Cristo presentando su iglesia "gloriosa, que no tuviese mancha ni arruga ni cosa semejante, sino que fuese santa y sin mancha" (Ef. 5:27), ese día probablemente parecía estar lejos en el futuro.

Mientras que la unidad de la iglesia debe ser nuestro objetivo y nuestra preocupación constante, no debe serlo a costa de la verdad. "La unidad se torna inmoral", escribió R. E. Speer, "cuando se compra al precio de la fidelidad de Cristo o de la ley de Cristo en la vida... solo hubo dos cosas con fundamento [Pablo] para la interrupción y la división. Una fue la deslealtad y la infidelidad a Cristo, y la otra, el pecado impenitente".[5]

El Cristo ascendido enriqueció a la iglesia con dones espirituales apropiados para permitirle cumplir con su propósito eterno. Pero incluso en sus días dorados, se abusó de algunos de estos dones. Esto dio lugar a las instrucciones de Pablo en 1 Corintios 12-14 respecto de su digno ejercicio. Él enfatizó que el propósito de estos dones era la construcción de la iglesia, no el agrandamiento del poseedor. Así, la ausencia de amor genuino inevitablemente neutralizaría su efectividad.

El apóstol Pablo tenía una visión amplia para la iglesia. Consideraba a la iglesia como el centro focal de adoración y testimonio, de consejo y enseñanza, de exhortación y aliento, y de capacitación para el servicio.

El asunto de la disciplina en la iglesia

Una de las responsabilidades no bienvenida en el líder cristiano es la de ejercer una disciplina divina. Si deben mantenerse en una iglesia o en otra organización cristiana las normas bíblicas y un tono totalmente moral y espiritual, a veces es necesario ejercer una disciplina cariñosa y restaurativa. Este es especialmente el caso cuando se encuentra involucrado el error doctrinario o la falla moral. A lo largo de sus cartas, Pablo alentó y a la vez ejemplificó el ejercicio de dicha disciplina.

Sin embargo, cabe mencionar que puso un acento especial en el espíritu con el cual se lleva a cabo la disciplina. El tratamiento brusco y sin afecto simplemente aleja al acusado y ese no es el propósito que se tiene en mente. Escribió Pablo: "Si alguno no obedece a lo que decimos por medio de esta carta, a ése señaladlo, y no os juntéis con él, para que se avergüence. *Mas no lo tengáis por enemigo, sino amonestadle como a hermano*" (2 Ts. 3:14-15).

En el caso de uno que "ha causado tristeza", exhortó a los corintios a "perdonarle y consolarle, para que no sea consumido de demasiada tristeza. Por lo cual os ruego *que confirméis el amor para con él*" (2 Co. 2:5, 7-8).

¿Qué deben hacer los líderes cuando alguien cae en pecado? "Vosotros que sois espirituales, restauradle con espíritu de mansedumbre, considerándote a ti mismo, no sea que tú también seas tentado" (Gá. 6:1). El amor es *sine qua non* en un ministerio de restauración. Es la persona que ha enfrentado y tratado sinceramente sus propios pecados y fallas la que está en mejor posición para manejar con compasión, pero a la vez con firmeza, con un ofensor. Un espíritu de debilidad logrará resultados mucho más positivos que una actitud de juicio.

Tanto las Escrituras y la experiencia concuerdan que en cualquier acción disciplinaria, se les debe dar plena cabida a los siguientes factores:

(1) Solo se debe emprender una acción luego de haber rea-

lizado un análisis profundo e imparcial de todos los hechos.

(2) El amor genuino debe ser la motivación de la disciplina, y toda acción debe ser llevada a cabo en la manera más considerada posible.

(3) La disciplina solo debe tener lugar cuando es claramente para el bien general de la persona y de la obra.

(4) La disciplina debe ejercerse solo con mucha oración.

(5) El principal objetivo de la disciplina debe ser la ayuda espiritual y la restauración del individuo en cuestión.

¿CUÁL ES NUESTRA RESPONSABILIDAD CÍVICA?

En el mundo confuso y revolucionario de la actualidad, la cuestión de la responsabilidad cívica adquiere cada vez mayor prominencia. Muchos cristianos se ven obligados a volver a pensar y definir su propia posición a la luz de las condiciones prevalecientes. Aquí también Pablo brinda un liderazgo claro.

Viviendo como lo hacía en un régimen totalitario bajo la jurisdicción del corrupto Félix y del monstruoso Nerón, Pablo casi podría haber sido excusado si hubiera adoptado una visión displicente de la política y del gobierno civil. Sin embargo, su postura fue la de un firme defensor de la obediencia a la autoridad constituida, ya fuera buena o mala.

Al escribirle a los romanos, Pablo dio sólidas razones de su actitud: "Sométase toda persona a las autoridades superiores; porque no hay autoridad sino de parte de Dios, y las que hay, por Dios han sido establecidas. De modo que quien se opone a la autoridad, a lo establecido por Dios resiste; y los que resisten, acarrean condenación para sí mismos. Porque los magistrados no están para infundir temor al que hace el bien, sino al malo" (Ro. 13:1-3). Del mismo modo, exhortó a Tito: "Recuérdales que se sujeten a los gobernantes y autoridades, que obedezcan, que estén dispuestos a toda buena obra" (Tit. 3:1).

La gran sabiduría de este consejo tomaba en cuenta el hecho de que los compatriotas de Pablo en Roma conformaban un grupo volátil e inflamable, cuyas actividades en contra del gobierno, de atribuirse a los cristianos, hubieran tenido resultados terribles. Por supuesto, este fue en realidad el caso cuando se incendió Roma, hecho del cual los cristianos eran totalmente inocentes, que despertó una ola de persecución en su contra.

Si bien fueron tratados injustamente por las autoridades en varias ocasiones, Pablo no alentó la resistencia pasiva ni la acción directa. Los ciudadanos cristianos debían realizar sus deberes civiles, pagar impuesto y respetar la autoridad. "Pagad a todos lo que debéis: al que tributo, tributo; al que impuesto, impuesto; al que respeto, respeto; al que honra, honra" (Ro. 13:7).

Aún más, los cristianos tenían una responsabilidad espiritual para orar por sus gobernantes. "Exhorto ante todo, a que se hagan rogativas, oraciones, peticiones y acciones de gracias, por todos los hombres; por los reyes y *por todos los que están en eminencia,* para que vivamos quieta y reposadamente en toda piedad y honestidad. Porque esto es bueno y agradable delante de Dios nuestro Salvador" (1 Ti. 2:1-3). Si los gobernadores eran dignos de respeto o no es irrelevante. En cambio, cuanto más indignos son, mayor es su necesidad de oración. Una apelación a Dios en nombre de los gobernadores puede marcar una gran diferencia en el mundo y en nosotros mismos.

La ciudadanía romana de Pablo era un privilegio civil, pero no siempre la ejercía para sus propios intereses con el fin de obtener los privilegios que le confería. Pero en el caso de que claramente fuera para el mejor interés de su obra, Pablo no dudaba en ejercer sus derechos. Su experiencia en Filipo es un ejemplo. Aquello ocurrió luego de una sesión de alabanza a la medianoche estando en la cárcel y tuvo como resultado la conversión del carcelero.

"Cuando fue de día, los magistrados enviaron alguaciles a decir: Suelta a aquellos hombres. Y el carcelero hizo saber estas palabras a Pablo: Los magistrados han mandado a decir que se os suelte; así que ahora salid, y marchaos en paz. Pero Pablo les dijo: Después de azotarnos públicamente sin sentencia judicial, siendo ciudadanos romanos, nos echaron en la cárcel, ¿y ahora nos echan encubiertamente? No, por cierto, sino vengan ellos mismos a sacarnos. Y los alguaciles hicieron saber estas palabras a los magistrados, los cuales tuvieron miedo al oír que eran romanos. Y viniendo, les rogaron; y sacándolos, les pidieron que salieran de la ciudad" (Hch. 16:35-37)

Al afirmar sus derechos, Pablo estaba salvaguardando los

intereses futuros de la iglesia, lo que indica su principal preo-cupación. Su accionar hizo las cosas más fáciles para los cris-tianos en los días venideros. Las autoridades serían mucho más circunspectas luego de esta humillante experiencia.

Mientras Pablo gozosamente se sometía a ser capturado, azotado y arrojado a la prisión cuando todo esto podía ha-berse evitado mediante una palabra, no podemos más que ad-mirar el valor moral, la decisión calma y el juicio firme que demostró en la calma afirmación de sus derechos legales, pre-cisamente cuando lo más probable es que fuera de utilidad para él y para otras personas. Esto basta para demostrar cuán lejos estaba de adoptar una interpretación fanática o estricta sobre el principio de nuestro Salvador de no resistirse (Mt. 5:39) que, al igual que muchos otros preceptos del mismo dis-curso, nos enseña lo que deberíamos estar dispuestos a sopor-tar en un caso extremo, pero sin abolir el derecho y el deber determinante cuando suceda un caso similar.[6]

Este principio todavía es de aplicación en la obra misionera donde el misionero es un expatriado. No obstante, Pablo no era un masoquista y cuando no había en riesgo nada significa-tivo, evitaba los problemas y el sufrimiento innecesarios. "Pero cuando le ataron con correas, Pablo dijo al centurión que estaba presente: ¿Os es lícito azotar a un ciudadano ro-mano sin haber sido condenado?" (Hch. 22:25). Sin embargo, hubo momentos cuando se sometió sin protestar a los flagelos (2 Co. 11:23-24), pero en el caso anterior juzgó que su sufri-miento no lograría algún buen propósito.

Más adelante, se valió de su derecho a apelar al César, una opción que tuvo una postrera influencia en el curso futuro de la iglesia (Hch. 25:8-12). Hizo su apelación porque vio "que había llegado el momento de determinar el estado del cristia-nismo ante la ley romana".

LA VOZ DE LA CONSCIENCIA

Una consciencia condenatoria no es un activo para un líder. Más que cualquier otro autor del Nuevo Testamento, Pablo dio una clara enseñanza sobre la función de la consciencia, un aspecto muy importante de la verdad, ya que contribuye mu-cho a nuestro bienestar emocional. La ignorancia de su fun-ción o la desobediencia persistente a su dictamen puede conducir a serios desórdenes espirituales. Por lo tanto, es ne-cesario que el líder o consejero conozca todo lo que tienen para decir las Escrituras sobre el tema. Las frecuentes referencias de Pablo al estado de su consciencia indican la medida de la importancia de su adecuado funcionamiento.

La consciencia ha sido definida como el testimonio y juicio del alma que aprueba o desaprueba los actos de la voluntad. Parece haber una actividad especial del intelecto y de las emociones que le permiten a uno distinguir entre el bien y el mal, percibir distinciones morales. Pablo dijo: "Y por esto procuro tener siempre una consciencia sin ofensa ante Dios y ante los hombres" (Hch. 24:16).

Es esta facultad la que hace que el pecado del hombre sea culpable y la que lo distingue de los animales. La palabra significa "conocimiento mantenido en conjunto con otro", en este caso, con Dios. Así, conlleva la idea del hombre como cotestigo con Dios en favor o en contra suya, de acuerdo a su propia estimación de sus acciones.

Sin embargo, la consciencia no es una facultad ejecutiva. No tiene el poder para que el hombre haga el bien o cese de hacer el mal. Da su veredicto, produce la emoción adecuada, pero deja librado a la voluntad del hombre el hecho de actuar a la luz de su juicio. No tiene más responsabilidades que esa. Es como un termómetro que, si bien detecta e indica la temperatura, nunca la ocasiona ni la modifica. Cuando obedecemos a nuestra consciencia, como alguien ha dicho, vivimos en las beatitudes. Cuando desobedecemos, clama: "Y sabéis a dónde voy, y sabéis el camino" (Jn. 14:4).

Una consciencia condenatoria.

Pablo enumeró cuatro estados progresivos de una consciencia que condena:

(1) *Una consciencia débil es mórbida y demasiado escrupulosa.* Pablo ilustró esto a partir del caso de los alimentos ofrecidos a los ídolos.

"Porque algunos, habituados hasta aquí a los ídolos, comen como sacrificado a ídolos, y su consciencia, siendo débil, se contamina. Si bien la vianda no nos hace más aceptos ante Dios; pues ni porque comamos, seremos más, ni porque no comamos, seremos menos. Pero mirad que esta libertad vuestra no venga a ser tropezadero para los débiles. Porque si alguno te ve a ti, que tienes conocimiento, sentado a la mesa en un lugar de ídolos, la con-

sciencia de aquel que es débil, ¿no será estimulada a comer de lo sacrificado a los ídolos? Y por el conocimiento
tuyo, se perderá el hermano débil por quien Cristo murió. De esta manera, pues, pecando contra los hermanos
e hiriendo su débil consciencia, contra Cristo pecáis" (1
Co. 8:7-12).

La consciencia de una persona como esta parece reac-
cionar fielmente según su luz, pero al igual que una brú-
jula con una corriente magnética débil, tiende a vacilar.
El resultado es que su poseedor se ve constantemente
atormentado por la duda respecto de lo correcto de una
acción, disminuyendo la creencia sobre lo que se ha sem-
brado en fe. Tal vez hay dos motivos básicos para dicha
debilidad: el conocimiento imperfecto de la palabra y la
voluntad de Dios, con una resultante fe imperfecta o bien
una voluntad que no quiere entregarse que ocasiona acciones vacilantes. La forma de corregirlo es enfrentar los
asuntos involucrados en forma clara a la luz de las Escrituras, llegar a una decisión de acuerdo al mejor criterio
propio, y luego dejar las cosas ahí resueltamente.

(2) *Una consciencia débil se degenera fácilmente en una consciencia contaminada* (1 Co. 8:7). Si persistimos en alguna acción en contra de la cual la consciencia ha protestado, la
contaminamos y evitamos su funcionamiento fiel, así
como el polvo tapona el delicado mecanismo de un reloj,
haciendo que registre una hora equivocada. Esto se aplica especialmente en el reino de la pureza moral. "Todas
las cosas son puras para los puros, mas para los corrom-
pidos e incrédulos nada les es puro; pues hasta su mente
y su consciencia están corrompidas" (Tit. 1:15).

(3) *Una consciencia a la que no se atiende puede convertirse habitualmente mala y culpable,* llegando a considerar bueno
lo que es malo y malo lo que es bueno. Pablo habló de tener "purificados los corazones de mala consciencia" (He.
10:22). Puesto que si el poseedor de una consciencia culpable está resuelto a hacer el mal, su voz de protesta se
apagará cada vez más a lo largo del tiempo.

(4) *El desafío habitual de la consciencia la reduce a una insensibi-
lidad total,* ocasionando así que deje de funcionar. "Por la

hipocresía de mentirosos que, teniendo cauterizada la consciencia" (1 Ti. 4:2). Cuando la consciencia se vuelve cauterizada, ya no protesta, por lo tanto, ninguna apelación tiene éxito.

> El vicio es un monstruo de tal porte atemorizador
> que para ser aborrecido, se lo debe ver;
> Pero verlo con mucha frecuencia, estar familiarizado con
>   su rostro,
> primero soportamos, luego nos lamentamos y luego
>   abrazamos.

Alexander Pope

El hecho de no seguir la voz de la consciencia tiene serias consecuencias, advierte Pablo. Debemos aferrarnos "manteniendo la fe y buena consciencia, desechando la cual naufragaron en cuanto a la fe algunos" (1 Ti. 1:19).

Una consciencia loable

Una consciencia aprobadora es un premio más grande que un rubí. Dicha consciencia es tan fiel al recomendar lo correcto como al condenar lo incorrecto. "Amados, si nuestro corazón no nos reprende, confianza tenemos en Dios" (1 Jn. 3:21). Pablo enumera cuatro estados progresivos de consciencia que todo creyente debe buscar:

(1) *Una consciencia clara* es importante para el crecimiento espiritual. "Que guarden el misterio de la fe con limpia consciencia" (1 Ti. 3:9). "Doy gracias a Dios, al cual sirvo desde mis mayores con limpia consciencia" (2 Ti. 1:3). Una consciencia clara o pura es agudamente sensible al acercamiento del mal. Se mantiene espiritualmente limpia si obedecemos cabalmente la luz arrojada sobre nuestra conducta por medio de la palabra de Dios.

(2) *Una buena consciencia* es la posesión de alguien que acepta los dictados de la justicia en todas las cosas. "Pues el propósito de este mandamiento es el amor nacido de corazón limpio, y de buena consciencia, y de fe no fingida" (1 Ti. 1:5). Debemos aferrarnos a "la fe y buena consciencia" (1 Ti. 1:19). La recompensa de una buena consciencia es ser bienvenido y obedecido.

(3) *Una consciencia desprovista de ofensa* es vitalmente importante para un cristiano. "Y por esto procuro tener siempre una consciencia sin ofensa ante Dios y ante los
hombres" (Hch. 24:16). Este es el estado feliz en que ninguna "voz" acusadora obstaculiza la paz con Dios, o
arruina las relaciones con los hombres. Perder esta serenidad y un corazón calmo por alguna gratificación breve
es pagar un precio demasiado alto.

(4) *Una consciencia perfeccionada,* a través de la purificación
de la sangre de Cristo, es una necesidad espiritual. "Lo
cual es símbolo para el tiempo presente, según el cual se
presentan ofrendas y sacrificios que no pueden hacer
perfecto, en cuanto a la consciencia, al que practica ese
culto" (He. 9:9). "¿Cuánto más la sangre de Cristo... lim-
piará vuestras consciencias...?" (He. 9:14).

La consciencia no tiene cura para sus propias enfermedades. Así, la provisión realizada en la sangre de Cristo debe
apropiarse personalmente si su dueño desea gozar de paz con
Dios.

Una consciencia no es infalible, sino que en realidad es un
instrumento fluctuante que reacciona lealmente a sus propias
normas aceptadas. La consciencia de un indio en el pasado
podría haber protestado con fuerza en contra de la matanza
de una vaca, mientras que al mismo tiempo no protesta por
quemar a una viuda en una pira funeraria. Es cuestión de la
norma a la cual brinda testimonio la consciencia. Las consciencias de los que dirigieron la Inquisición aprobaron internamente sus acciones, pero eso no los justificó.

El mecanismo delicado de la consciencia perdió el equilibrio en el momento de la caída del hombre. Ahora, toda consciencia requiere de un ajuste, y funcionará correctamente solo
cuando esté adaptada a las normas de las Escrituras. Pablo
afirmó que esto requería un enorme esfuerzo moral de su
parte. "Y por esto procuro tener siempre una consciencia sin
ofensa ante Dios y ante los hombres" (Hch. 24:16).

Pablo mismo, cegado anteriormente en su vida por el prejuicio y el fanatismo, había reaccionado a una consciencia que
no estaba adecuadamente ajustada a las Escrituras. Cuán
amargamente se arrepintió al abrir los ojos a la verdadera naturaleza de las acciones que su consciencia había aprobado.

La persona que tiene una consciencia condenatoria debería recordar que *con un verdadero arrepentimiento* se puede perdonar el peor de los pecados, pasando de inmediato y por completo del estado de la consciencia. El Espíritu Santo, que se deleita al aplicar el efecto purificador de la sangre de Cristo a la consciencia contaminada en respuesta a la fe, también se deleita al permitirle al creyente caminar obedientemente con una consciencia desprovista de ofensa.

LA REALIDAD DE LA GUERRA ESPIRITUAL

El líder que ignora las actividades de nuestro adversario al que no podemos ver, el diablo, no ha estudiado seriamente las enseñanzas de Pablo sobre este tema. Hay un proverbio chino que dice: "Conoce a tu enemigo; luego en cien batallas serás cien veces victorioso". Ningún líder puede darse el lujo de ser analfabeto sobre el tema del enemigo.

El pasaje clásico sobre la guerra espiritual del creyente con Satanás y los poderes de las tinieblas, Ef. 6:10-18, proviene de la pluma del apóstol. Líder sagaz como era, se mantenía alerta ante la necesidad de adoctrinar a sus seguidores respectos de los enemigos con los que se encontrarían. Los instruyó en el carácter y lo inevitable de la guerra espiritual, y sobre el camino hacia la victoria. Para Pablo, el diablo no era una invención de una imaginación frondosa, sino un antagonista astuto y experimentado. El apóstol era demasiado sabio como para subestimar el calibre de sus opositores. Hubiera aprobado las palabras de Víctor Hugo en cuanto a que un buen general debe penetrar en el cerebro de su enemigo.

Los siguientes versículos demuestran que Pablo había hecho su investigación sobre su enemigo y por lo tanto, "no ignoramos sus maquinaciones" (2 Co. 2:11).

"Y no es maravilla, porque el mismo Satanás se disfraza como ángel de luz" (2 Co. 11:14)

"En los cuales anduvisteis en otro tiempo, siguiendo la corriente de este mundo, conforme al príncipe de la potestad del aire, el espíritu que ahora opera en los hijos de desobediencia" (Ef. 2:2)

"Inicuo cuyo advenimiento es por obra de Satanás, con gran poder y señales y prodigios mentirosos" (2 Ts. 2:9)

"En los cuales el dios de este siglo cegó el entendimiento de los incrédulos" (2 Co. 4:4)

"A quienes ahora te envío, para que abras sus ojos, para que se conviertan de las tinieblas a la luz, y de la potestad de Satanás a Dios" (Hch. 26:17-18)

Pablo coherentemente enseñó que los cristianos inevitablemente enfrentarían, en su camino y en su testimonio, el aborrecimiento implacable y la oposición del mundo y de las fuerzas espirituales de las tinieblas. "Porque no tenemos lucha contra sangre y carne, sino contra principados, contra potestades, contra los gobernadores de las tinieblas de este siglo, contra huestes espirituales de maldad en las regiones celestes" (Ef. 6:12). Creía que las fuerzas invisibles de la maldad regían gran parte del mundo, y que estos poderes sobrenaturales podían vencerse únicamente mediante el empleo de armas sobrenaturales, que él mismo empleaba. Demostró ser un líder sabio y valiente en su guerra espiritual.

El poder de Satanás no es inherente, sino delegado. Sin embargo, si bien su poder es ilimitado, él es más que un igual para el cristiano más fuerte. Pablo reconoció que Dios le había otorgado a Satanás cierta medida de control como "príncipe de la potestad del aire" (Ef. 2:2). También indicó que en esta guerra no puede existir un pacifista.

Es cierto, la guerra es espiritual, pero es desesperadamente real. Es una lucha, una contienda. Nuestros enemigos pelearán contra el propósito eterno de Dios en cada instante, pero el Señor está contando con nuestra cooperación. En esta última era de la historia del mundo, estamos viendo un cumplimiento de Apocalipsis 12:12: "Por lo cual alegraos, cielos, y los que moráis en ellos. ¡Ay de los moradores de la tierra y del mar! porque el diablo ha descendido a vosotros con gran ira, sabiendo que tiene poco tiempo". Él sabe que la victoria de Cristo significa el fin de su dominio, y por lo tanto se resiste con gran desesperación para evitar ser finalmente vencido.

La estrategia de Dios es que todos los creyentes se mantengan firmes y mantengamos nuestro territorio en la posición de privilegio y seguridad en la cual Él nos ha colocado. Dios "juntamente con él nos resucitó, y asimismo nos hizo sentar en los lugares celestiales con Cristo Jesús" (Ef. 2:6). Nuestra responsabilidad espiritual es estar firmes (Ef. 6:11, 13-14).

El plan de Satanás consiste en desalojar a los cristianos de esta posición, llevándolos a niveles inferiores, olvidando su posición privilegiada en "los lugares celestiales". El engañador intenta inducir al creyente a hacer la guerra con armas carnales. Pero Pablo advierte que la guerra espiritual no se libra del mismo modo que otras guerras. "Porque las armas de nuestra milicia no son carnales, sino poderosas en Dios para la destrucción de fortalezas" (2 Co. 10:4). ¡Una bayoneta sería un arma inútil frente a una bomba de hidrógeno! El hecho de que es una guerra espiritual determina el carácter de las armas.

Encadenado a un soldado, como frecuentemente lo estaba, Pablo se tornó muy consciente de la naturaleza y propósito de las armas. Estaba profundamente preocupado porque sus seguidores no ingresaran sin defensa a la batalla. De modo que tomó esta figura del soldado armado, aconsejando de este modo a todos los cristianos a apropiarse del poder divino y de reforzar lo que Dios había provisto graciosamente. "Fortaleceos en el Señor, y en el poder de su fuerza" (Ef. 6:10). Es importante que el guerrero cristiano vista *"la armadura de Dios"*. Omitir colocarse una pieza dejaría expuesto un "talón de Aquiles".

Debido a que el diablo es un mentiroso desde el principio, el combatiente debe tener "ceñidos vuestros lomos con la verdad" (6:14) prendido alrededor de su cintura. Como el cinturón del soldado alrededor de su cintura, del mismo modo la verdad de Dios debe alentar y unificar toda la vida. Esto no deja espacio para la hipocresía o la falta de sinceridad.

La función de la coraza era la de proteger los órganos vitales. El soldado cristiano debe tener una "coraza" (6:14) colocada en su lugar. Cristo proporciona la rectitud que debemos integrar en nuestras propias vidas. Debemos vestir la integridad como un abrigo.

En la guerra es importante que cada soldado esté bien calzado, o no podrá estar bien parado en su lugar. Debe tener "calzado los pies con el apresto del evangelio de la paz" (6:15). Debe ser rápido y estar preparado para correr con las buenas nuevas.

Todo el largo del cuerpo del soldado estaba protegido por un gran escudo oblongo, que se saturaba con agua antes de la batalla. El soldado tenía que sostener su escudo en su lugar. Pablo aconsejó al soldado cristiano: "Sobre todo, tomad *el escudo de la fe,* con que podáis apagar todos los dardos de fuego del maligno" (6:16). Las flechas del enemigo, con llamas en sus puntas, se extinguirían al chocar contra el cuero empapado de agua.

Las flechas de Satanás pueden tomar la forma de temores irracionales, o de ataques repentinos e inesperados, especialmente en el reino de la mente. El ejercicio de una fe viviente y confiada en nuestro victorioso Salvador y el uso inteligente de la palabra de Dios obran juntas para apagar con eficacia las llamas de la tentación.

"El yelmo de la salvación" (6:17) es la última pieza de la armadura defensiva mencionada por Pablo, utilizada para proteger la cabeza. Una mente sin protección es una presa fácil para las seducciones de Satanás. Si permitimos que nuestras mentes estén en sin cultivar, estamos invitando al enemigo a plantar malas hierbas. Es la mente lo que Satanás busca controlar, porque ésta dirige a todo lo demás. La condición de trágica caída del mundo hoy día es un testimonio mudo del éxito de sus esfuerzos.

El yelmo tiene que ver con nuestras esperanzas. Debemos vestirnos "con la esperanza de salvación como yelmo", escribió el autor en otro lado (1 Ts. 5:8). La salvación de Cristo trae esperanza a un mundo sin esperanza. Podemos estar tan seguros como lo está Dios de que hay una victoria para nosotros (1 Co. 15:57).

"La espada del Espíritu" (6:17) es tanto para la defensa como para el ataque. Fue el arma principal utilizada por nuestro Señor en su conflicto con el diablo en el desierto. Demostró ser poderosamente eficaz porque Él sabía como manejarla con experiencia. Es la responsabilidad del soldado espiritual dominar la palabra de Dios con tanta profundidad, saturando su mente con ella, que el Espíritu Santo puede rápidamente llevar a su memoria la verdad adecuada como un arma de conquista en momentos de necesidad.

Hay una conexión evidente entre la espada del Espíritu y las armas de comunicación de orar "en todo tiempo" (6:18). La batalla por las mentes y las almas de los hombres se libra y se gana principalmente en el lugar de la oración. Debemos librar la guerra con *todo tipo de oración* y cada oración debe ser una *oración extrema,* puesto que esta es una guerra total en la que no hay tregua.

Así vemos que el propósito de "toda la armadura de Dios" sirve para permitirnos estar de pie en nuestro territorio du-

rante los momentos de maldad y, luego de hacer lo que tenemos que hacer, para ser victoriosos sobre todos nuestros enemigos.

> Soldados de Cristo levántense
> y colóquense las armaduras,
> fuertes en la fuerza que provee Dios
> a través de su Hijo eterno
> Estén de pie con su gran poder
> con toda su fortaleza;
> y tomen a fin de armarse para la batalla
> la panoplia de Dios.
> No dejen ningún lugar sin cubrir,
> ninguna debilidad del alma
> tomen cada virtud, cada gracia
> y fortifiquen la totalidad.

Carlos Wesley

NOTAS

1. Robertson, A. T., *The Glory of the Ministry* (Nueva York: Revell, 1911), p. 59.
2. Speer, Robert E., *Master of the Heart* (Nueva York: Revell, 1908), p. 39.
3. Speer, *Paul, the All-round Man*, p. 65.
4. White, *Apostle Extraordinary*, p. 62.
5. Speer, *Paul, the All-round Man*, p. 65.
6. Speer, *The Man Paul*, p. 107.

10

Asuntos difíciles

"Lo soportamos todo, por no poner ningún obstáculo al evangelio de Cristo" (1 Co. 9:12)

Todos nosotros en ocasiones debemos decidir si determinado rumbo es el correcto o el incorrecto como cristianos. A veces el problema no es nuestro, sino que tal vez se nos pidió consejo y guía para otras personas en este área. Los escritos de Pablo nos brindan pautas muy útiles para las "zonas grises" y para las áreas especialmente difíciles de la vida cristiana.

Algunos interpretan la declaración de Pablo: "no estamos bajo la ley, sino bajo la gracia" (Ro. 6:15), como una indicación de que bajo el reino beneficioso de la gracia no queda lugar para las prohibiciones y los tabúes de la Ley Mosaica. Pero esto dista mucho de ser verdad. Es una clara enseñanza de Pablo que no estamos "bajo la ley" *como un medio para nuestra justificación,* sino que no importa que no prestemos atención a la ley dado que estamos bajo la ley de Cristo, obligados por disposiciones nuevas pero no por eso menos poderosas.

Es un hecho asombroso que cada uno de los mandamientos, salvo, llamativamente, la ley respecto del día de reposo, se repitan en el Nuevo Testamento. De hecho se los repite con un alcance mayor. Por ejemplo, nuestro Señor dijo: "Oísteis que fue dicho: No cometerás adulterio. Pero yo os digo que cualquiera que mira a una mujer para codiciarla, ya adulteró con ella en su corazón" (Mt. 5:27-28).

Ahora estamos bajo la ley de Cristo, obligados por los

vínculos del amor a una nueva forma de vida. Lo genial del nuevo pacto reside en un único hecho espiritual: en lugar de promulgar un nuevo conjunto de normas y reglamentaciones, enuncia principios que, al aplicarse correctamente, abarcan todos los casos. Las exigencias inexorables se ven reemplazadas por emprendimientos de la bondad divina: "Por lo cual, este es el pacto que haré con la casa de Israel: Después de aquellos días, dice el Señor: Pondré mis leyes en la mente de ellos, y sobre su corazón las escribiré; y seré a ellos por Dios, y ellos me serán a mí por pueblo; y ninguno enseñará a su prójimo, ni ninguno a su hermano, diciendo: Conoce al Señor; porque todos me conocerán, desde el menor hasta el mayor de ellos. Porque seré propicio a sus injusticias, y nunca más me acordaré de sus pecados y de sus iniquidades" (He. 8:10-12).

Muchas ansiedades irritables respecto de áreas difíciles de la vida cristiana pueden eliminarse casi automáticamente realizando y respondiendo las siguientes preguntas:

(1) *¿Es beneficioso y útil?* "Todo me es lícito, *pero no todo conviene;* todo me es lícito, pero no todo edifica" (1 Co. 10:23), escribe Pablo. Así, en áreas de gran preocupación e incertidumbre es importante tener en cuenta las siguientes preguntas: Si tomo este rumbo, ¿tenderá a convertirme en un mejor cristiano y más maduro? ¿Hará que mi vida sea más fructífera para Dios y para mis congéneres?

(2) *¿Es constructivo?* ¿La búsqueda de esta actividad en particular edifica y ayuda a construir la iglesia? "Todo me es lícito, pero no todo conviene; todo me es lícito, *pero no todo edifica"* (1 Co. 10:23). Si bien muchas búsquedas pueden ser legítimas, no todas tienen el mismo valor. Por lo tanto, debo preguntarme: ¿Este rumbo ayudará a construir aún más mi carácter cristiano? ¿Me equipará para la tarea de ayudar a crecer a la iglesia?

(3) *¿Tenderá a esclavizarme?* "Todas las cosas me son lícitas, mas no todas convienen; todas las cosas me son lícitas, mas yo no me dejaré dominar de ninguna" (1 Co. 6:12), declara Pablo. Incluso cosas bastante legales en sí mismas pueden ejercer una influencia indebida, ocupando demasiado de nuestro tiempo y por lo tanto retaceándo-

nos lo mejor de Dios para nosotros. Un monto indebido de lectura secular o ver una cantidad excesiva de televisión, por ejemplo, pueden viciar nuestro apetito por la palabra de Dios. Debemos elegir cuidadosamente nuestras prioridades, incluso en el área de cosas permitidas.

(4) *¿Me fortalecerá en contra de la tentación?* No tiene sentido orar "no nos metas en tentación" (Mt. 6:13), si voluntariamente vamos derecho a ella. Todo lo que tienda a hacer que el pecado sea menos culpable o más fácil de cometer debe ser rechazado de inmediato y con resolución.

Este principio no se aplica únicamente a cosas que son lascivas o vulgares. Algunas cosas pueden ser intelectuales y bellas, pero si nuestra búsqueda de ellas hace borrosa nuestra visión espiritual u obstaculiza nuestra carrera, deben dejarse a un lado. "Despojémonos de todo peso y del pecado que nos asedia" (He. 12:1).

Si bien son diferentes en el ámbito que acontecen, los problemas que enfrentaron los cristianos en Roma en la época de Pablo no difieren en esencia de las que enfrentamos hoy día. El consejo de Pablo en estas áreas es extrañamente contemporáneo. Si aceptamos y actuamos según los principios que él enunció, descubriremos una nueva y gozosa libertad:

(1) Amplitud de criterio en las áreas grises. "Porque uno cree que se ha de comer de todo; otro, que es débil, come legumbres. El que come, no menosprecie al que no come, y el que no come, no juzgue al que come; porque Dios le ha recibido" (Ro. 14:2-3). El problema en cuestión en este pasaje es el alimento ofrecido a los ídolos. Pablo señaló que un cristiano bien enseñado no considera que un ídolo tiene ninguna realidad espiritual en sí. Así, este creyente maduro se siente libre de comer el alimento que ha sido ofrecido al ídolo. Pero para alguien que es débil en la fe, es un obstáculo.

Ya que no se ponía en juego alguna doctrina vital, Pablo instó a la tolerancia en este tipo de situaciones con un potencial importante de fricción. Dentro de la iglesia, en asuntos que no son claramente erróneos o los que son meramente culturales, hay espacio para las diferencias genuinas de opinión, y debemos mantener en alto el derecho de nuestro hermano de tener opiniones contrarias a las nuestras.

(2) *El derecho a la convicción personal.* "Uno hace diferencia entre día y día; otro juzga iguales todos los días. Cada uno esté plenamente convencido en su propia mente" (Ro. 14:5).

Es cómodo ser como el camaleón, cambiando nuestro color teológico para adaptarlo a nuestra compañía. Es sencillo ser desviado por una preferencia doctrinaria o un prejuicio en lugar de ser influido por la clara enseñanza de las Escrituras. Pablo nos indica que lleguemos a convicciones claras propias que se basen estrictamente en las Escrituras, sin permitir que nuestras decisiones o nuestra conducta sea dictada por alguna otra persona. Debemos vivir con el resultado de nuestras decisiones, de manera que debemos asegurarnos que están basadas en convicciones sólidas, con información de la Biblia.

(3) *Responsabilidad únicamente ante Dios.* Pablo pregunta: "¿Tú quién eres, que juzgas al criado ajeno? Para su propio señor está en pie, o cae; pero estará firme, porque poderoso es el Señor para hacerle estar firme". Y un poco más abajo el apóstol continúa: "De manera que cada uno de nosotros dará a Dios cuenta de sí" (Ro. 14:4, 12). Debido a que todos somos miembros de la sociedad, tenemos determinadas responsabilidades sociales. Pero finalmente, respondemos solo ante Dios.

Uno solo es nuestro Maestro. Nadie más puede reclamar para sí los derechos soberanos de Dios sobre nosotros. La certidumbre de que el trono del juicio está más allá para todos los creyentes debería influir profundamente en nuestra conducta. Pablo pregunta: "Pero tú, ¿por qué juzgas a tu hermano? O tú también, ¿por qué menosprecias a tu hermano? Porque todos compareceremos ante el tribunal de Cristo" (Ro. 14:10).

(4) *Ausencia de un espíritu crítico.* No es prerrogativa nuestra criticar o juzgar las acciones de nuestro hermano, ese derecho le corresponde únicamente a Dios. "Así que, ya no nos juzguemos más los unos a los otros, sino más bien decidid no poner tropiezo u ocasión de caer al hermano"

(Ro. 14:13). En los últimos días seremos juzgados por Dios, por ningún otro. Entonces, debemos siempre medir a los demás con el mismo grado de equidad y sinceridad que el que esperamos que ellos utilicen con nosotros.

(5) *Abstinencia en interés de los demás.* No debemos vivir solo para nuestros propios placeres, únicamente compenetrados en nuestros propios intereses. Debemos tener en cuenta los posibles efectos de nuestra vida en los demás. Por lo tanto, "bueno es no comer carne, ni beber vino, ni nada en que tu hermano tropiece, o se ofenda, o se debilite" (Ro. 14:21).

La libertad que reclaman algunos cristianos respecto de beber socialmente o en forma moderada con frecuencia ha demostrado ser la caída del hermano más débil que no tiene la misma fuerza de voluntad. Es responsabilidad nuestra limitar voluntariamente nuestro propio disfrute legítimo en los intereses de hermanos y hermanas más débiles. "Así que, los que somos fuertes debemos soportar las flaquezas de los débiles, y no agradarnos a nosotros mismos" (Ro. 15:1).

(6) *Abstinencia de cosas de dudable legitimidad.* El mismo hecho de que tengamos dudas da lugar a la suposición de que la práctica analizada es cuestionable. Todas nuestras acciones deben acarrear la seguridad positiva de la fe. "¿Tienes tú fe? Tenla para contigo delante de Dios. Bienaventurado el que no se condena a sí mismo en lo que aprueba. Pero el que duda sobre lo que come, es condenado, porque no lo hace con fe; y todo lo que no proviene de fe, es pecado" (Ro. 14:22-23). La presencia de la duda continua debe considerarse como un llamado para la acción retrasada hasta que surja una luz más clara. A través de la oración y del estudio de pasajes pertinentes de las Escrituras, el Espíritu Santo eliminará la duda o nos dará la convicción de que esa acción no responde a la voluntad de Dios.

Por otra parte, puede que nuestro problema sea que tenemos una consciencia débil o no instruida que necesita educación por medio de la Palabra de Dios. Es muy posible que, como resultado de nuestros antecedentes y relaciones del pasado o bien debido a la tradición o al prejuicio, tengamos dudas sobre cosas que la Biblia no condena. En esos asuntos debemos depender del misericordioso ministerio del Espíritu Santo para que nos guíe a todos hacia la verdad (Jn.. 16:13).

Cómo manejar el dinero

Pablo preservó para nosotros un poderoso dicho de nuestro Señor: "Más bienaventurado es dar que recibir" (Hch. 20:35). Se puede decir con certeza que Pablo mismo calificaba para la beatitud que él enseñaba.

En ninguna área el apóstol ejerció un cuidado más meticuloso que en el sensible área de las finanzas. Respecto de este tema, estableció un ejemplo importante para el líder cristiano. Probablemente, más líderes han perdido poder espiritual debido a malas actitudes y acciones al tratar con el dinero que por cualquier otra causa.

Nuestro Señor le otorgó una increíble importancia al dinero en sus enseñanzas. De una u otra manera, formó parte de un versículo de cada seis en los Evangelios sinópticos y en dieciséis de sus treinta y ocho parábolas. Así, Jesucristo reconoció que el dinero es una de las realidades más centrales de la vida, desde la cuna hasta la tumba. Es uno de los temas dominantes de conversación y uno de los objetos de búsqueda más absorbentes. El dinero es un tema sobre el que no se puede ser neutral.

Pablo era muy consciente de este problema ubicuo, y por lo tanto fue escrupuloso en el tratamiento del dinero y en su administración. Con el objeto de eliminar de las iglesias jóvenes el peso de su sostén, se ganó su propia vida, y en ocasiones también ayudó a sus colegas. Era "financieramente limpio", estableciendo un ejemplo noble de generosidad.

Pablo manifestó su filosofía financiera en 1 Timoteo 6:5-10, refiriéndose a "hombres corruptos de entendimiento y privados de la verdad, que toman la piedad como fuente de ganancia; apártate de los tales. Pero gran ganancia es la piedad acompañada de contentamiento; porque nada hemos traído a este mundo, y sin duda nada podremos sacar. Así que, teniendo sustento y abrigo, estemos contentos con esto. Porque los que quieren enriquecerse caen en tentación y lazo, y en muchas codicias necias y dañosas, que hunden a los hombres en destrucción y perdición; porque raíz de todos los males es el amor al dinero, el cual codiciando algunos, se extraviaron de la fe, y fueron traspasados de muchos dolores".

Esta es, ¡qué pena!, una triste descripción biográfica de demasiados cristianos, líderes incluidos. Por este motivo Pablo advirtió al joven pastor Timoteo, que estaba por emprender su nuevo encargo, de que tuviera cuidado con posibles problemas monetarios.

Pablo fue cuidadoso en no asumir demasiada responsabilidad personal en los asuntos financieros de las primeras iglesias. Cuando los corintios cristianos recaudaron dinero para sus amigos necesitados de Jerusalén, él no asumió la responsabilidad de llevar el presente. Pensó que los donantes debían ser los que tenían que llevarlo a quienes lo necesitaban, y así quedaba fuera de toda sospecha de deshonestidad financiera.

El apóstol alentó el hecho de dar en forma sistemática y proporcional: "Cada primer día de la semana cada uno de vosotros ponga aparte algo, según haya prosperado, guardándolo, para que cuando yo llegue no se recojan entonces ofrendas. Y cuando haya llegado, a quienes hubiereis designado por carta, a éstos enviaré para que lleven vuestro donativo a Jerusalén. Y si fuere propio que yo también vaya, irán conmigo" (1 Co. 16:2-4).

Este procedimiento demuestra una verdadera sagacidad, dado que en iglesias nuevas y en desarrollo ubicadas en zonas de bajo nivel de vida, la administración del dinero recaudado con frecuencia resulta una real tentación para quien tiene la responsabilidad financiera. Por este motivo, siempre es sabio que más de una persona esté involucrada en la contabilidad y la administración del dinero.

Al estimular a la iglesia de Corinto para que tuviera una mayor generosidad, Pablo citó la infinita generosidad del que se volvió pobre por nosotros (2 Co. 8:9), y también la liberalidad profusa de la pobre iglesia de Macedonia: "Que en grande prueba de tribulación, la abundancia de su gozo y su profunda pobreza abundaron en riquezas de su generosidad. Pues doy testimonio de que con agrado han dado conforme a sus fuerzas, y aun más allá de sus fuerzas, pidiéndonos con muchos ruegos que les concediésemos el privilegio de participar en este servicio para los santos. Y no como lo esperábamos, sino que a sí mismos se dieron primeramente al Señor, y luego a nosotros por la voluntad de Dios" (2 Co. 8:2-5).

¡Esta es una forma singular de recaudar fondos, en la que el donante suplica para tener la oportunidad de dar para la causa! (cp. Éx. 35). Los macedonios demostraron con mucha claridad que es más bendito dar que recibir.

CONOCER LA VOLUNTAD DE DIOS

No existe alguna área en la que un líder requiera mayor sabiduría espiritual que en la de la guía espiritual, discerniendo la voluntad y conducción de Dios en cualquier situación. Los que no son líderes pueden pensar que una experiencia más amplia y una caminata más prolongada junto a Dios resultará inevitablemente en una facilidad mucho mayor para discernir la voluntad de Dios en situaciones que nos dejan perplejos. De ninguna manera esto es así.

Parece ser que el método de Dios es habitualmente, por el contrario, dejar cada vez más cosas al criterio espiritual del líder y dar menos pruebas sensoriales y tangibles de su conducción que en los años pasados. La perplejidad al obtener un rumbo claro puede agregarse a las muchas presiones relacionadas con cualquier cargo de responsabilidad. La experiencia de Pablo nos brinda algunas lecciones sumamente valiosas sobre la guía.

Si bien había respondido de inmediato al llamado de Dios en el camino a Damasco, la carrera de Pablo como misionero no comenzó hasta que hubiera adorado a Dios durante un tiempo junto a la iglesia de Antioquía, unos diez u once años más tarde.

Mientras que los líderes de razas múltiples de esta iglesia estaban "ministrando éstos al Señor, y ayunando, dijo el Espíritu Santo: Apartadme a Bernabé y a Saulo para la obra a que los he llamado" (Hch. 13:2). Estas convocatorias divinas marcaron el real comienzo de la carrera misionera de Pablo. Para su espíritu ardiente, esos años previos de preparación deben haber sido como acarrear un glaciar de tiempo. Finalmente fue liberado, enviado a su misión mundial.

Pablo no se embarcó en su carrera misionera hasta que su llamado personal, *"Yo los he llamado"*, fueron las palabras del Espíritu, fuera confirmado a la iglesia local con la que estaba relacionado (en Antioquía), y luego confirmado *por* ellos. "Entonces, habiendo ayunado y orado, les impusieron las manos y los despidieron" (Hch. 13:3). Así, la guía corporativa de los líderes de la iglesia confirmó la guía *personal* de Pablo.

La iglesia de Antioquía estableció un precedente que bien

podría servir como modelo para las iglesias de hoy día. Significa mucho tratar tanto con la iglesia como con el misionero si
el llamado del individuo es ratificado por los líderes de su
iglesia local.

Es de interés significativo que Pablo, si bien estaba muy
bien capacitado, sirvió durante un período con una persona
más experimentada perteneciente a la iglesia que lo envió, no
solo durante su primer período de servicio misionero, sino
también a lo largo de parte del segundo. ¡Pero vaya misionero
experimentado bajo el cual servir! Bernabé, "hijo de consolación" (Hch. 4:36). Sin duda alguna, este hombre divino, de
gran corazón, ejerció una gran influencia sobre Pablo durante
aquellos días de entrenamiento. Y dice mucho de Bernabé el
hecho de que no demostró ningún rastro aparente de resenti-
miento o celos cuando su socio menos experimentado lo sobrepasó, asumiendo el liderazgo del equipo, como tarde o
temprano sería inevitable.

Un pasaje de las Escrituras que ilustra el método de guía de
Dios en una manera muy útil es Hechos 16:6-10. A fin de interpretar este pasaje, debemos tener presente que la llamada
de Macedonia no debe ser considerada como una *llamada misionera inicial*, sino, en cambio, como un método divino de volver a dirigir a determinadas personas, que ya han respondido
al llamado inicial, hacia una esfera específica de la adoración.
Fue el Espíritu Santo el que eligió el lugar y el momento de
servicio para Pablo y sus colegas.

De este pasaje aprendemos que Dios guía en ocasiones mediante advertencias o prohibiciones internas. "Y atravesando
Frigia y la provincia de Galacia, les fue prohibido por el Espíritu Santo hablar la palabra en Asia; y cuando llegaron a Misia, intentaron ir a Bitinia, pero el Espíritu no se lo permitió. Y
pasando junto a Misia, descendieron a Troas".

Asia y Bitinia iban a oír la palabra más adelante, pero en
este momento la estrategia divina era que las buenas nuevas
debían viajar en dirección al occidente. Los vientos del Espíritu estaban soplando en Europa, que recientemente se había
vuelto madura para la cosecha. Pablo y su equipo iban a tener
el privilegio de recoger la cosecha.

Siendo espiritualmente sensitivo, Pablo respondió a la limitación del Espíritu y no continuó avanzando por voluntad
propia. En cambio, se retiró a Troas para descubrir en la oración y en la consulta con sus compañeros la voluntad geográ-

fica de Dios para ellos. ¡El pequeño grupo casi no se enteró de las increíbles consecuencias a nivel mundial que tendrían sus decisiones!

El tema que tenían ante sí era claro: o volver a casa o avanzar y cruzar el mar. ¿Cómo iban a saber cuál era la voluntad de Dios? Dios no los dejó mucho tiempo con la duda. La guía negativa de las puertas cerradas fue seguida por el rumbo positivo.

"Y se le mostró a Pablo una visión de noche: un varón macedonio estaba en pie, rogándole y diciendo: Pasa a Macedonia y ayúdanos" (Hch. 16:9). Cabe advertir que la visión le llegó a Pablo *luego* de haber avanzado en obediencia a la gran comisión, y que constituía solo un elemento en su guía. Ya había completado su primera tarea, y ahora estaba llegando a los inalcanzados.

Incluso después de la visión, Pablo, como líder, fue cuidadoso de verificar su guía con sus colegas, incluyéndolos en cualquier decisión que debiera tomarse. Luego de que el apóstol hubo seguido estos pasos, llegaron a una unidad de mente producida por el Espíritu: "Cuando vio la visión, en seguida procuramos partir para Macedonia, dando por cierto que Dios nos llamaba para que les anunciásemos el evangelio" (16:10). A. T. Robertson considera esta consulta mutua "un buen ejemplo del uso adecuado de la razón con relación a la revelación, decidir si es una revelación de Dios, descubrir qué significa para nosotros y verificar que obedezcamos la revelación".[1]

Así, antes de emprender otro paso, se aseguró que su visión estaba alineada con la Palabra de Dios, tenía el testimonio del Espíritu Santo, era compatible para sus compañeros, y estaba aprobada por su propio juicio. Este sistema de verificaciones lo salvó del pesar y el desánimo cuando, más tarde, encontró una recepción hostil y se encontraron con sus espaldas sangrantes en la cárcel de Filipos. En vez de dudar de la validez de su guía cuando las cosas parecían ir mal, se volcaron a la oración y a la alabanza. ¿Cómo podría vencer el diablo a estos hombres?

Determinar nuestros derechos

Un factor que contribuyó mucho a la estatura espiritual de Pablo y que le dio color a su habilidad de liderazgo fue su actitud hacia sus derechos. En una época en la que se pone mayor acento en reclamar los derechos propios que en cumplir con las obligaciones de uno, la actitud de Pablo presenta una acción correctiva totalmente contemporánea. El líder debe ser muy sensible en este área si es que va a ejercer una creciente influencia.

En 1 Corintios 9, un capítulo que en parte revela el secreto del ministerio de Pablo de cómo ganar almas, se refiere siete veces a sus derechos *en el contexto del evangelio*. Esta pieza autobiográfica acarrea un potente mensaje para la persona que quiere convertirse en un eficaz ganador de almas y líder.

Si alguien quiere lograr estos objetivos, es evidente que debe alcanzar la victoria sobre las cosas *incorrectas* de la vida. Pero no todo trabajador cristiano reconoce que este proceso puede comprender la renuncia de cosas que, en sí, son *correctas*. En esta empresa, Pablo estableció un brillante ejemplo. Refiriéndose a su derecho al sostenimiento de la iglesia, exclamó: "lo soportamos todo, por no poner ningún obstáculo al evangelio de Cristo" (9:12). Es el hombre pequeño el que *siempre* afirma sus derechos.

Pablo reconoció que, si bien determinadas cosas pueden ser legítimas en sí mismas, bien pueden limitar su ministerio. Como hemos visto, había escrito previamente: "Todas las cosas me son lícitas, mas yo no me dejaré dominar de ninguna" (6:12). Posteriormente, en la carta escribió: "Todo conviene; todo me es lícito, pero no todo edifica" (10:23). Pablo sabía que era muy posible entregarse a apetitos y gustos legítimos hasta un grado excesivo, convirtiéndose así en esclavo de los mismos. Debe haber una victoria en el reino del deseo legítimo, así como también en el de los excesos ilegítimos.

Oswald Chambers sostuvo en su estilo incisivo:

> Si estamos dispuestos a ceder solo las cosas *malas* para Jesús, ojalá nunca hablemos de estar enamorados de Él. Cualquiera cederá las cosas malas si sabe cómo hacerlo. Pero ¿estamos preparados para ceder lo mejor que tenemos por Jesucristo? El único derecho que tiene un cristiano es el derecho a ceder sus derechos.

A fin de ser lo mejor que podamos ser para Dios, debemos hacer algunos renunciamientos voluntarios (Lc. 14:33). Si queremos ascender hasta las alturas hacia Dios, debemos enfrentar este reto de renunciamiento voluntario.

Nuestro ejemplo máximo en esta área de sacrificio, como en

todo lo demás, es nuestro Señor mismo. Como "heredero de todo" (He. 1:2), gozó y ejerció derechos que superan con creces nuestra imaginación. Y, sin embargo, por nosotros, renunció a cada uno de ellos. El renunciamiento de los derechos comenzó cuando se levantó de su trono eterno y "abandonó los tribunales del día eterno, y escogió con nosotros una casa oscura de arcilla mortal" (Milton).

El mayor sacrificio pueden realizarlo quienes tienen lo máximo para entregar. Cristo abandonó la agradable compañía de los ángeles por la hostilidad de los hombres, la comodidad de un hogar por la vida de un itinerante, las riquezas del cielo por la pobreza de la tierra. Y, finalmente, por amor renunció a lo que hubiera sido un lugar confortable en la tribu de la humanidad sufriendo el dolor de la muerte como si hubiera sido un criminal.

Si de hecho el sacrificio es el éxtasis de dar lo mejor que tenemos a quien amamos más, el resultado inevitable es que con frecuencia habrá derechos sencillos, mundanos así como los que deben renunciarse por amor a nuestro Señor.

Si pago mi tarifa en un ómnibus, tengo un derecho inalienable a un asiento, si es que hay uno disponible. Pero cuando una madre cansada con un niño pequeño en un brazo y paquetes en el otro ingresa a un ómnibus colmado de gente, si bien nadie puede desafiar mi derecho a un asiento, tengo el derecho y la responsabilidad mayores de renunciar a ese derecho y ofrecerle mi asiento a la dama. ¿Y haremos menos por nuestro Señor?

En 1 Corintios 9, Pablo afirma su derecho en tres reinos: El derecho a gratificar el hambre con comida y bebida (9:4); el derecho a una vida matrimonial normal (9:5) y el derecho al sostén financiero de la iglesia (9:6-12).

Para Pablo el gozo y la obligación de dar a conocer el evangelio adquirió mucha más importancia que gratificar su apetito o entregarse a algún deseo de sostén financiero externo. Si bien no era un asceta, estaba verdaderamente resuelto a no dejarse dominar por su cuerpo.

"El apetito no será mi jefe", dijo John Wesley. Por ende, ¡durante dos años vivió con una dieta de papas! Fue este propósito inflexible de ser lo mejor para Dios que le dio a Wesley una influencia tan grande sobre su propia generación. Pablo exclamó: "Pero no hemos usado de este derecho" (9:12).

Por amor a Cristo y a los intereses de la eficacia para ganar almas, Pablo sacrificó su derecho a estar acompañado de una esposa. "No abusar de mi derecho en el evangelio" (9:18), fue su actitud característica. No escurrió la última gota de sus derechos.

Afirmó con firmeza su derecho a ser sostenido por aquellos a quienes ministraba. "Así también ordenó el Señor a los que anuncian el evangelio, que vivan del evangelio. Pero yo de nada de esto me he aprovechado" (9:14-15). No quería ser comparado con el codicioso sacerdocio. Es más, deseaba mantener una independencia financiera en el ejercicio de su autoridad apostólica. Por lo tanto eligió mantenerse a sí mismo por medio de su oficio de fabricar tiendas. Sin embargo, en algunas raras ocasiones aceptó regalos de las iglesias.

Se necesita de una fuerte motivación poco común para inducir a un líder o a cualquier otra persona a adoptar esta actitud respecto de sus derechos. Pablo escribió: "Por lo cual, siendo libre de todos, me he hecho siervo de todos para ganar a mayor número" (9:19). ¡Y un esclavo *no* tiene derechos!

Un misionero en China dijo sobre sus experiencias:

> Cuando llegué a China estaba completamente preparado para *comer amargura* (expresión idiomática china para expresar "sufrir penurias") y que me agradara. Eso no me preocupaba en particular. Toma un poco de tiempo acostumbrar el paladar y la digestión a la comida china, por supuesto, pero no fue más duro de lo que yo esperaba. Sin embargo, otra cosa, e hizo una significativa pausa, *otra cosa* sobre lo que nunca había pensado surgió para convertirse en un problema. ¡Tuve que *comer pérdidas* (expresión idiomática china que quiere decir "sufrir la violación de los derechos de uno"). Descubrí que no podía invocar mis derechos, que ni siquiera podía tener ningún derecho. Descubrí que debía abandonarlos, cada uno de ellos, y eso fue lo más duro de todo.

En las palabras de Jesús, tuvo que "negarse a sí mismo" (Lc. 9:23), y eso nunca es sencillo. Pero, "lo que desee el Amo, es lo que el siervo debe cumplir".

El tema de la esclavitud
Se ha acusado a Pablo de no haber manifestado una protesta más potente en contra del horrible tráfico de esclavos de su época. Pero la acusación no perseverará. Se lo culpa de

aceptar la esclavitud de Onésimo sin protestar, en lugar de decirle a Filemón, el dueño del esclavo, que la esclavitud es incoherente con los principios cristianos. Pero si hacemos el esfuerzo sincero de ponernos en la situación de Pablo, comprenderemos con mayor rapidez el motivo por el cual no asumió el papel de un cruzado revolucionario.

Cuando Pablo le dijo a Filemón que debía considerar a Onésimo "no ya como esclavo, sino como más que esclavo, como hermano amado" (Flm. 16), "colocó un cimiento para un nuevo orden que iba a venir".[2]

Gibbon, el reconocido historiador, calculó que en el año 57 d.C. la mitad de la población del Imperio Romano eran esclavos. Así, la cuestión de la condición de los esclavos constituía un tema social sumamente importante en la iglesia de esos días. Es más, la manera en que Pablo manejó este asunto contiene lecciones significativas para los líderes de la actualidad.

En la cultura de esa época, los esclavos no eran considerados personas, sino meramente posesiones. Su condición no era superior a la de los animales. La literatura de ese período retrata la crueldad inhumana con la que se trataba a muchos esclavos. Por otra parte, hubo muchos que recibieron un tratamiento muy humano.

Uno podría perfectamente imaginarse una revolucionario como Pablo saltando a la arena, formando un movimiento en contra de la esclavitud e incitando a los esclavos en contra de sus amos. Pero la manera en la que manejó este tema candente ha hecho que algunos llegaran a la conclusión de que él aprobaba la esclavitud y era bastante insensible a la injusticia social. Esto dista mucho de ser verdad. Guiado por el Espíritu Santo, Pablo adoptó un método que, en medio de las condiciones prevalecientes de esos días, estaba soberbiamente calculado para lograr el alivio de la suerte del esclavo.

El consejo que le dio el apóstol a Timoteo fue extremadamente sabio dadas las circunstancias que enfrentaba. Una revolución social exitosa hubiera requerido una red organizativa tal que nunca hubiera tenido éxito de la noche a la mañana. Cualquier intento de hacerla hubiera acarreado un desprestigio incalculable y una persecución en contra del joven movimiento cristiano. De modo que Pablo le aconsejó a Timoteo: "Todos los que están bajo el yugo de esclavitud, tengan a sus amos por dignos de todo honor, para que no sea blasfemado el nombre de Dios y la doctrina" (1 Ti. 6:1).

La insubordinación estaba totalmente fuera de la cuestión para el esclavo cristiano. En cambio, debía estar satisfecho con su suerte. "¿Fuiste llamado siendo esclavo? No te dé cuidado; pero también, si puedes hacerte libre, procúralo más. Porque el que en el Señor fue llamado siendo esclavo, liberto es del Señor; asimismo el que fue llamado siendo libre, esclavo es de Cristo" (1 Co. 7:21-22). Así, indujo al esclavo cristiano a regocijarse en la bendición y la libertad espirituales que le había traído su fe en Cristo.

Es interesante observar que Pablo pronunció una advertencia en contra de la familiaridad indebida o impertinente de los esclavos respecto de sus amos cristianos, algo que fácilmente hubiera tenido lugar. "Y los que tienen amos creyentes, no los tengan en menos por ser hermanos, sino sírvanles mejor, por cuanto son creyentes y amados los que se benefician de su buen servicio" (1 Ti. 6:2).

Le dijo a Tito: "Exhorta a los siervos a que se sujeten a sus amos, que agraden en todo, que no sean respondones; no defraudando, sino mostrándose fieles en todo, para que en todo adornen la doctrina de Dios nuestro Salvador" (Tit. 2:9-10).

¿Y qué hay del deber del amo con respecto a los esclavos? Pablo no dejó ese tema sin tocar. "Y vosotros, amos, haced con ellos lo mismo, dejando las amenazas, sabiendo que el Señor de ellos y vuestro está en los cielos, y que para él no hay acepción de personas" (Ef. 6:9).

Aquellos que cuestionan la preocupación del apóstol por los esclavos deberían recordar que fue en la iglesia donde comenzó la liberación de los cautivos. Puesto que dentro de la iglesia enunció y promulgó principios que, de ser llevados a cabo, abrirían sus grilletes. Él enseñó el mensaje emancipador de igualdad en Cristo. "Ya no hay judío ni griego; no hay esclavo ni libre; no hay varón ni mujer; porque todos vosotros sois uno en Cristo Jesús" (Gá. 3:28). El amor filial debe caracterizar a todas las relaciones cristianas. "Amaos los unos a los otros con amor fraternal; en cuanto a honra, prefiriéndoos los unos a los otros" (Ro. 12:10). Tanto los amos como los esclavos deben respetar sus derechos mutuos y realizar sus deberes mutuos (Ef. 6:5-9).

Mientras la iglesia crecía en número y estos principios se practicaron cada vez más, las semillas de la reforma social comenzaron a germinar, y gradualmente llegó el esclarecimiento. Bajo los emperadores cristianos, la esclavitud empezó a menguar. El proceso de la reforma fue lento, pero dondequiera que haya ingresado el cristianismo, salió la esclavitud. El cristianismo y la esclavitud nunca pueden llegar a convivir en una coexistencia pacífica.

Una visión única sobre el sufrimiento

El líder debe contar con su propia filosofía bien desarrollada sobre el problema del sufrimiento, dado que será llamado frecuentemente para aconsejar a aquellos que se encuentran en una tribulación. Pablo pudo instar a su joven colega: "participa de las aflicciones" (2 Ti. 1:8), porque él mismo estaba preparado para hacer lo mismo, para establecer el ejemplo.

Los veteranos de Alejandro Magno amenazaron con un motín basados en que él era indiferente a sus penurias y heridas. Pero él se colocó en el estrado y les dijo a los hombres descontentos:

> Venid, ahora, aquellos de vosotros que tienen heridas, que se desnuden y yo les mostraré las mías. Ni un miembro de mi cuerpo está sin heridas. He sido herido con la espada, con la flecha del arco, con el misil de la catapulta. Me han apedreado y golpeado con garrotes mientras los conducía a vosotros a la victoria y a la gloria.[3]

Pablo, un mayor conquistador que Alejandro Magno, podría expresar esas mismas palabras: "De aquí en adelante nadie me cause molestias; porque yo traigo en mi cuerpo las marcas del Señor Jesús" (Gá. 6:17), desafió a sus oponentes.

Más que cualquier otro apóstol, Pablo estuvo expuesto al sufrimiento, a las penurias y a la aflicción. El catálogo de sus pruebas, que él renuentemente catalogó en 2 Corintios 11:23-28 parece más de lo que cualquier ser humano podría tolerar. Y sin embargo, surgía triunfante, más que un conquistador (Ro. 8:37).

Podemos descubrir la filosofía de Pablo respecto al sufrimiento a partir de un hecho de su propia experiencia. Tal vez más que a cualquier otro apóstol, el Señor le había otorgado revelaciones especiales. Refiriéndose a un incidente de ese tipo, escribió: "Ciertamente no me conviene gloriarme; pero vendré a las visiones y a las revelaciones del Señor. Conozco a un hombre en Cristo, que hace catorce años (si en el cuerpo,

no lo sé; si fuera del cuerpo, no lo sé; Dios lo sabe) fue arrebatado hasta el tercer cielo. Y conozco al tal hombre (si en el
cuerpo, o fuera del cuerpo, no lo sé; Dios lo sabe), que fue
arrebatado al paraíso, donde oyó palabras inefables que no le
es dado al hombre expresar" (2 Co. 12:1-4).

Estas no eran experiencias comunes. De hecho eran tan únicas que le presentaban la gran tentación de sentir orgullo.
Dios estaba profundamente preocupado de que Pablo sucum-
biera a esta tentación, limitando así su ministerio. Entonces el
Señor introdujo un factor de compensación: "Y para que la
grandeza de las revelaciones no me exaltase desmedidamente,
me fue dado un aguijón en mi carne, un mensajero de Satanás
que me abofetee, para que no me enaltezca sobremanera"
(12:7).

Pablo era extrañamente reticente respecto de la naturaleza
exacta de su aguijón. Respecto de su naturaleza, las opiniones
están muy divididas. Algunos piensan que fue *mental o espiritual:* deseos sensuales, depresión o duda. Otros piensan que
fue *física:* epilepsia, malaria u oftalmia (inflamación ocular). El
hecho de que fue un aguijón "en la carne" inclinaría la balanza
a favor de la última. Fuera lo que fuera, debemos estar agradecidos por la reticencia estudiada del apóstol, dado que
ahora podemos confiadamente aplicar el remedio divino a
nuestros propias aguijones.

También deberíamos estar agradecidos que esta experiencia
permitió la ocasión para la enunciación por parte del Señor de
un principio espiritual clásico: "Bástate *mi* gracia; porque mi
poder se perfecciona en la debilidad" (12:9). Aquí hay una
afirmación divina de que, incluso si no se elimina la situación
dolorosa, el aguijón, de cualquier tipo que este sea, siempre
hay suficiente gracia compensatoria disponible.

Esta experiencia dolorosa y humillante formó parte del precio del servicio de Pablo a Dios, parte de su equipamiento
para su función. A pesar de sus brillantes dones, si no hubiera
sido por la presencia de esta enfermedad en la vida de Pablo,
muy probablemente nunca hubiera logrado su ministerio dinámico para el Señor.

Si bien no conocemos la naturaleza del aguijón, hay determinados hechos que sí conocemos, y que pueden ser de gran
valor al atravesar el sufrimiento, ya sea el propio o el de los
demás:

(1) El aguijón de Pablo fue algo que continuó durante un período significativo.

(2) Fue el tema de la oración repetida, pero no respondida. "Tres veces he rogado al Señor, que lo quite de mí" (12:8), declaró.

(3) Fue un instrumento de humildad: "Para que no me enaltezca sobremanera" (12:7). Redujo el ego de Pablo y debilitó la posibilidad de confianza en sí mismo.

(4) Este aguijón de Pablo le dio a Satanás la oportunidad perfecta de atormentarlo (12:7). Pedro no fue el único apóstol que Dios permitió que Satanás seleccionara (Lc. 22:31). El diablo lo quería para mal pero nuestro Dios "convirtió la maldición en bendición" (Dt. 23:5).

(5) Se convirtió en un canal de gracia. "Bástate mi gracia" (2 Co. 12:9). En lugar de curar el dolor del aguijón quitándolo, Dios otorgó su gracia compensatoria. La respuesta no vino por resta, sino por suma, no vino en la forma de que Dios le otorgara una tarea más agradable o una ubicación diferente, sino en la apropiación de Pablo de Dios más que en gracia suficiente dónde y cómo estaba. "Ante las pruebas múltiples, Él agregó más gracia".

(6) El aguijón presentó la oportunidad de regocijarse en la debilidad. "Por tanto, de buena gana me gloriaré más bien en mis debilidades, ...por amor a Cristo me gozo en las debilidades, ...cuando soy débil, entonces soy fuerte" (12:9-10).

(7) Proporcionó un telón de fondo para demostrar el poder de Cristo: "Para que repose sobre mí el poder de Cristo" (12:9). En este versículo, debe omitirse la palabra *sobre mí*, de modo tal que la declaración de Pablo es simplemente: "Para que repose el poder de Cristo".

De ese modo, Pablo dominó el arte de tornar una debilidad en un glorioso triunfo. Aprendió que lo que al principio consideró una desventaja restrictiva era en realidad un activo celestial: El camino hacia un ministerio amplio centrado en el Señor. Así, su debilidad se convirtió un una potente arma.

Le pedí al Señor que le diera éxito
a la gran tarea que traté de que Él hiciera.
Le pedí que se disminuyera todo obstáculo
y que mis horas de debilidad fueran menos.
Pedí ascender alturas lejanas y encumbradas
y ahora humildemente le agradezco por haber fracasado.
Puesto que con el dolor y la pena vino a mí
una dote de ternura en acciones y pensamiento,
y con el fracaso vino una compasión,
un discernimiento que el éxito nunca había traído.
Padre, hubiera sido tonto e infortunado
si tú me hubieras otorgado mi ciego pedido.

La actitud de Pablo respecto de su experiencia disciplinaria fue ejemplar. Cabe advertir que él no dijo: "Se *impuso* un aguijón en mí", sino, "me fue *dado*", como si fuera un don de gracia. El aguijón no continuó siendo un mensajero de Satanás para atormentarlo, sino que se convirtió en un don de la gracia de Dios para preparar el camino a un ministerio de mayor alcance.

EL PRECIOSO BIEN DEL TIEMPO
El tiempo es una de las materias primas más valiosas del líder, puesto que el uso que hace uno del tiempo determina no solo el monto de trabajo que se logra sino también su calidad.

El tiempo no se da sino que se compra. Pensamientos de ese tipo subyacen a las palabras crípticas de Efesios 5:16: "aprovechando bien el tiempo, porque los días son malos" o "Compra tus oportunidades" (Weymouth). El tiempo es oportunidad y se convierte en propio solo mediante su adquisición. Hay que pagar un precio para su empleo más estratégico. Intercambiamos nuestro tiempo en el mercado de la vida por determinadas ocupaciones o actividades. J. B. Phillips añade otro ángulo: "Aproveche al máximo su tiempo", intercambiándolo solo por las cosas de mayor valor.

El tiempo es una administración de la cual debemos rendir cuenta. El valor de nuestra contribución a nuestra generación dependerá de cómo lo utilicemos estratégicamente. Cada momento es un don de Dios, por lo tanto no debe ser malgastado. Puesto que es nuestra posesión más valiosa, debemos desarrollar una consciencia crítica en esta área.

El tiempo puede ser *perdido* así como también redimido. Y

es algo solemne recordar que el tiempo perdido nunca puede ser recuperado. El tiempo no puede ser *acumulado*, se lo debe gastar por completo cada día. No puede ser *pospuesto*, es ahora o nunca. Si no se lo utiliza productivamente, el tiempo se pierde irremediablemente.

El dominio que Pablo tenía sobre el tiempo puede medirse por su enorme ministerio que logró a lo largo de su vida. Si seguimos sus prolongados viajes en un mapa y oímos acerca de su arduo trabajo y aventuras nos quedamos casi sin aliento. Si nosotros, también queremos experimentar un liderazgo exitoso, el dominio de *nuestro* tiempo será un asunto de fundamental importancia.

Al igual que su Maestro, Pablo elegía sus prioridades con gran cuidado, no permitiendo tiempo para esfuerzos que no fueran vitales. Su vida demostró que la fuerza del carácter moral se desarrolla mediante el *rechazo de las cosas que no son importantes*.

En esta era de alta tecnología y gran presión, es instructivo para nosotros advertir que el apóstol parecía aceptar presiones e interrupciones como una rutina normal. Y pocas cosas generan más presión que las ocasionadas por el tiempo insuficiente.

Escribió: "Porque hermanos, no queremos que ignoréis acerca de nuestra tribulación que nos sobrevino en Asia; pues *fuimos abrumados sobremanera* más allá de nuestras fuerzas, de tal modo que aun perdimos la esperanza de conservar la vida. Pero tuvimos en nosotros mismos sentencia de muerte, para que no confiásemos en nosotros mismos, sino en Dios que resucita a los muertos" (2 Co. 1:8-9). Se dio cuenta de que, de acuerdo con el plan de Dios para su vida, estas cosas ya habían sido previstas, entonces no existía motivo para sentirse desilusionado por ellas.

Para el cristiano alerta, las interrupciones son oportunidades divinamente interpuestas. Y Pablo estaba convencido de que su vida había sido planificada divinamente: "Porque somos hechura suya, creados en Cristo Jesús para buenas obras, las cuales Dios preparó de antemano para que anduviésemos en ellas" (Ef. 2:10). Nosotros podemos, por medio de la oración y de la comunión, descubrir el patrón desplegado para cada día.

Al buscar planificar nuestro tiempo para sacarle la mejor

ventaja, puede que sea útil tener presentes las siguientes sugerencias:

(1) A todo el mundo le ha sido confiada la misma cantidad de tiempo.

(2) El plan de Dios deja tiempo suficiente para el cumplimiento de toda su voluntad para cada día.

(3) Él espera de nosotros cotidianamente solo aquello que es razonable y posible de lograr.

(4) Cuando seleccionamos cuidadosamente nuestras prioridades, éstas no deben oponerse a nuestros deberes evidentes.

(5) Los conflictos y presiones que vivimos habitualmente surgen cuando confundimos los deseos o las presiones humanas, ya sean propias o de otra persona, con los deberes que Dios espera que cumplamos.

(6) El tiempo es demasiado valioso como para dedicarlo a asuntos secundarios cuando hay asuntos primarios que están gritando para llamar nuestra atención.

(7) "No tuve tiempo" es habitualmente la confesión inconsciente de alguien que está realizando una elección equivocada de las prioridades.

Pocas cosas llevan al trabajador cristiano consciente a la esclavitud más que profundamente que este asunto del empleo estratégico de su tiempo. Para muchas personas, el tiempo parece ser siempre poco. Por lo tanto, es necesario llegar a manejarlo bien o trabajar bajo tensión y esfuerzo perpetuo. Después de todo, siempre habrá grandes áreas de necesidades no satisfechas, incluso después de que hayamos hecho todo lo conscientemente está a nuestro alcance por cumplir con nuestras obligaciones.

Por medio de una selección de prioridades cuidadosa y llena de oraciones, *deberíamos hacer que cada media hora tenga su propia cuota de utilidad,* y luego comprometer el resto a Dios. Nuestro verdadero problema no es la cantidad de tiempo dis-

ponible, sino su empleo estratégico, del cual somos inequívo-
camente responsables. Un sabio empleo del tiempo involucra
un propósito firme y una disciplina propia estricta, pero
puede hacerse si *queremos* hacerlo.

*Nuestra responsabilidad llega solo a aquellas cosas que están bajo
nuestro control.* No todo llamado de ayuda es un llamado de
Dios. Es claramente imposible responder a cada pedido de
asistencia. Debemos recordar que las circunstancias que están
más allá de nuestro control no son causa de acusaciones
propias.

Sin embargo, todo líder debería enfrentar con sinceridad la
pregunta: ¿Estoy utilizando mi tiempo para lo que más importa, o estoy disipando parte de él en asuntos de importancia secundaria? La mejor forma de responder la pregunta
consiste en realizar un análisis estricto de la forma en que lle-
namos nuestro tiempo en cualquier semana. Este ejercicio podría traer aparejadas algunas sorpresas.

Pablo retó a los corintios: "Sed imitadores de mí, así como
yo de Cristo" (1 Co. 11:1), un desafío que pocos de nosotros
nos preocuparíamos por plantear. En su uso del tiempo, mo-
deló su propia vida basándose en la vida de su Señor. ¡Cómo
ambos lograron llenar tanto sus días!

Tomarse tiempo para la recreación disciplinada y el descanso no debe considerarse un asunto de importancia secundaria. El líder que deja tiempo para renovar sus recursos
físicos y nerviosos no está dedicándose a trivialidades. Jesús
llevó a sus discípulos a un costado para el descanso y la rela-
jación. Él mismo se sentó y descansó en el pozo cuando estaba
agotado después de un ocupado día de ministerio.

Nuestro Señor no llevó su cansado cuerpo avanzando im-
placablemente. De haberlo hecho, se hubiera perdido el corazón preparado de la mujer necesitada al lado del pozo. Jesús
no era un ermitaño que se rehusaba a ingresar en la vida social normal de las personas. No consideraba que perdía el
tiempo cuando asistió al banquete de bodas.

El hecho de no apartar el tiempo adecuado para la relaja-
ción puede resultar contrario a lo productivo. Por supuesto
que siempre debemos estar preparados para las interrupciones de nuestro tiempo de recreación si así lo exigen los intereses del reino. Siempre debe ser: "El Reino primero, yo
después".

Cuando el virtuoso joven evangelista Robert Murray

McCheyne yacía en su lecho de muerte a los veintinueve años
de edad, le dijo a sus amigos que lo acompañaban: "Dios me
dio un caballo para montar y un mensaje para revelar. ¡Vaya,
he matado al caballo y ahora no puedo enviar el mensaje!" No
hay ninguna virtud en flagelar sin misericordia al caballo.
Pero tal vez ese no es nuestro problema. ¡Tal vez nuestro caballo necesite las espuelas!

Un estudio minucioso del evangelio nos deja con la impresión de que el Maestro anduvo por la vida con una pisada medida y sin apuro. Nunca pareció acosado, si bien estaba
perpetuamente abrumado por la gente. Se las arregló para hacer que las personas sintieran que tenía tiempo para cada una
de ellas.

¿Dónde reside el secreto de la serenidad de Jesús? Yo creo
que reside en la seguridad de que andaba al paso del plan
temporal de su Padre, un plan elaborado con tanta precisión
que contaba cada hora. No permitió que nadie adelantara o re-
trasara su cronograma. Dispuso su calendario cada día en comunión con su Padre. Cada día recibía las palabras que tenía
que decir y las obras que tenía que hacer, y esto lo hacía sentirse sereno en medio de los deberes. "Las palabras que yo os
hablo, no las hablo por mi propia cuenta, sino que el Padre
que mora en mí, él hace las obras" (Jn. 14:10).

Jesús se movía con la consciencia de que había un tiempo
divino para los acontecimientos de su vida, y su preocupación
era la de completar la tarea que se le encomendaba en el tiempo requerido. Cuando sus hermanos lo presionaban para que
se diera a conocer, hizo un comentario revelador: "Mi tiempo
aún no ha llegado, mas vuestro tiempo siempre está presto"
(Jn. 7:6). Se negó a vivir una vida fortuita, puesto que eso
arruinaría el plan de su Padre. Pablo forjó su vida basándose
en la de su Maestro. Nosotros, también, recibimos el llamado
de realizar el mismo compromiso.

Pero el hecho de lograr un cambio radical en nuestros hábitos de tiempo requerirá dependencia en la habilitación de
Dios. No todos nosotros tenemos voluntades inflexibles, como
parecía tener Pablo, pero todos podemos ser "fortalecidos con
poder en el hombre interior por su Espíritu" (Ef. 3:16) para
este propósito. A. T. Robertson dice que esto se refiere al espíritu humano dotado del Espíritu Santo, con cuya cooperación
de hecho podemos contar.

El empleo de nuestro tiempo depende de la presión del motivo. ¿Es nuestra motivación suficientemente apremiante como para contrarrestar nuestros hábitos temporales erróneos e indulgentes de larga data? Solo lo dirá la verdadera dedicación al Señor, así como también el tiempo mismo.

NOTAS

1. Robertson, A. T, *Word Pictures of the New Testament* (Nueva York: Harpers, 1930), p. 248.
2. Rall, Henry F., *According to Paul* (Nueva York: Scribners, 1944), p. 215.
3. Macartney, *The Greatest Men of the Bible*, p. 18.

11

EL PAPEL DE LAS MUJERES

"Ya no hay ...varón ni mujer... en Cristo Jesús"
(Gá. 3:28)

Puesto que las mujeres probablemente constituyan más de la mitad de los miembros de la iglesia en todo el mundo, es de vital importancia comprender la opinión de Pablo sobre el papel de las mujeres en la iglesia. Con el advenimiento del movimiento de liberación femenino, cuya base es cultural y no bíblica, las actitudes se han tornado mucho más firmemente polarizadas que antes.

En nuestra sociedad cada vez más igualitaria, no es sencillo tener presente todo lo que las Escrituras tienen para decir sobre el tema de las mujeres de una manera objetiva y sin prejuicios, puesto que nuestras opiniones han sido forjadas por una larga tradición. Sin duda alguna, solo en la eternidad habrá un verdadero consenso.

El problema es aún más sensible porque los maestros divinos y eruditos exponen fervientemente opiniones opuestas. Por este motivo, el dogmatismo indebido debería estar fuera de lugar. Y entonces presento mi punto de vista con debida humildad y respeto por las muchas opiniones sinceras que se encuentran dentro de la iglesia.

No adopto una posición extrema, ni tampoco lucho por una posición dominante para las mujeres, ya sea en el reino del liderazgo como en el de la teología. Si bien "no hay varón ni mujer" (Gá. 3:28) en Cristo, las Escrituras sí reconocen determinadas diferencias en los papeles de hombres y mujeres en la iglesia. Por cierto Pablo no hubiera estado a favor de las ideas *unisex* de nuestros tiempos. Sin embargo, él consideraba que había fundamentos bíblicos para asignarle a las mujeres un lugar más amplio y de mayor influencia en la vida y el ministerio de la iglesia de lo que se había considerado tradicionalmente. Por supuesto, este es un tema demasiado extenso como para tratarlo plenamente en un ámbito tan limitado, pero mi objetivo es el apoyar este punto de vista de las Escrituras.

UN APÓSTOL MAL ENTENDIDO

En esta época de estridente lucha por los derechos de la mujer, Pablo con frecuencia se halla en la línea de fuego, recibiendo toda la artillería antiaérea debido a su supuesta denigración del papel y la condición de las mujeres. "Por un lado difamado, exonerado por el otro, Pablo mismo está perdido detrás de una andanada de reclamos y contrademandas".[1]

Con frecuencia, el apóstol es desechado como un chauvinista masculino frustrado, ventilando su malicia respecto de las mujeres en general. Pero aquellos que lo acusan de ello, nunca han leído los pasajes pertinentes de las Escrituras cuidadosa y objetivamente, o bien los han leído con ojos displicentes, ya que no se prestan a dicha interpretación.

Sería difícil criticar a Pablo en su actitud general hacia las mujeres, el matrimonio y la familia. En sus contactos con sus anfitrionas, público y miembros femeninos de su equipo, fue uniformemente caballeroso y filial. Nunca sugirió ni afirmó ninguna superioridad de los hombres por sobre las mujeres. En sus cartas expresó el mayor respeto y estima por sus colegas femeninas, alabándolas como sus compañeras de trabajo en el evangelio sin ninguna discriminación entre ellas y los miembros masculinos del equipo.

Fue más allá de la posición tradicional asignada a las mujeres judías, que eran segregadas y obligadas a permanecer en silencio en la adoración en las sinagogas. Sostuvo su derecho a orar y profetizar en la iglesia, siempre y cuando se cubrieran la cabeza. "Pero toda mujer que ora o profetiza con la cabeza descubierta, afrenta su cabeza; porque lo mismo es que si se hubiese rapado" (1 Co. 11:5). Si se leen los textos pertinentes en el contexto de la época en la que fueron escritos, se descubrirá que en esos días, lejos de ser un hombre chauvinista, Pablo fue un gran defensor de los derechos de las mujeres.

Hubiera sido considerado por sus contemporáneos como una persona de vanguardia.

Al apreciar su actitud y sus enseñanzas, debemos tener presente el clima cultural de su época. solo necesitamos comparar su visión y práctica con la de los líderes y fundadores de las otras religiones para ver la gran superioridad de su concepción de la condición de las mujeres, en comparación con la del budismo, el hinduismo y el islamismo. En lugar de vituperar en contra de Pablo, las mujeres cristianas deberían alabar su actitud defensora, puesto que ésta ha pavimentado el camino para tantas bendiciones y privilegios de los que ahora gozan.

George Matheson ha planteado muy bien este asunto:

> Uno de los elementos más distintivos de la experiencia cristiana de Pablo fue el reconocimiento de los reclamos de las mujeres. En ningún otro aspecto se diferencia más de sus compatriotas judíos. Incluso aquellos pasajes en los que parecería ser despreciativo, son dictados por un motivo precisamente opuesto: El deseo de conservar para las mujeres esa esfera distintiva y peculiar de la que las privaron los políticos judíos.[2]

Al interpretar las enseñanzas de Pablo sobre este tema, deben tenerse presentes los siguientes hechos. En primer lugar, él estaba respondiendo preguntas específicas realizadas por la iglesia local en Corinto, relacionadas a problemas particulares que los estaban perturbando. En segundo lugar, escribió en una época en la que las condiciones prevalecientes eran a la vez peligrosas y precarias. Este hecho surge de su respuesta en 1 Corintios 7:25-27: "En cuanto a las vírgenes no tengo mandamiento del Señor; mas doy mi parecer, como quien ha alcanzado misericordia del Señor para ser fiel. Tengo, pues, esto por bueno a causa de la necesidad que apremia; que hará bien el hombre en quedarse como está. ¿Estás ligado a mujer? No procures soltarte. ¿Estás libre de mujer? No procures casarte". En tercer lugar, en las ciudades gentiles donde vivían los cristianos la inmoralidad era asunto corriente. Así, era de especial importancia para las mujeres cristianas comportarse en la iglesia de una manera tal que estuviera por encima de las críticas.

Parecería que, en esta declaración específica, Pablo no estuviera legislando para todos los tiempos y circunstancias, sino dando un consejo específico para los días difíciles que vendrían posteriormente. El apóstol estaba diciendo simplemente que las personas serían sabias si no cambiaban su condición presente, en vista de las condiciones existentes. Si esta interpretación es correcta, y yo creo que lo es, entonces las condiciones mejoradas permitirían una elasticidad en la implementación de su consejo.

Una mirada a las Escrituras
Cuando existen manifestaciones bíblicas claras, no ambiguas, se las debe obedecer sin reservas. Pero sobre este tema del papel de las mujeres en la iglesia, la amplia divergencia de opiniones mantenidas por personas igualmente sinceras indica que muchos de estos pasajes de las Escrituras no son para nada claros. Sobre este tema, J. I. Packer, un erudito evangélico de gran reputación, escribió:

> Si bien todos los mandamientos de Pablo, al ser apostólicos, conllevaban la autoridad del Señor cuyo embajador era Pablo, eso no deja de lado la posibilidad de que algunos de ellos fueran promulgaciones *ad hoc,* respuestas a situaciones particulares que se convertirían en letras muertas si la situación cambiara. Es discutible que el dictamen de que las mujeres no pudieran enseñar sino mantenerse en silencio sea un ejemplo de esto: una regla empírica prudencial que aplica el patrón de la creación a una situación en la que damas paganas conversas, sin instrucción y llevadas a creer respecto de sí mismas que eran seres inferiores, habían descubierto ahora su dignidad bajo Dios en Cristo y lo entendían así.
>
> En ese caso es el principio y no el método empírico el que tiene mayor autoridad, y es concebible que en medio de un trasfondo cultural difícil donde las mujeres cristianas no estaban expuestas a las mismas tentaciones, una regla flexible pudiera servir igualmente bien como principio.[3]

Este principio de interpretación arroja luz sobre tres pasajes importantes respecto de los cuales existe una fuerte polarización de opiniones:

> *"Pero quiero que sepáis que Cristo es la cabeza de todo varón, y el varón es la cabeza de la mujer, y Dios la cabeza de Cristo. Todo varón que ora o profetiza con la cabeza cubierta, afrenta su cabeza. Pero toda mujer que ora*

*o profetiza con la cabeza descubierta, afrenta su cabeza;
porque lo mismo es que si se hubiese rapado. Porque si la
mujer no se cubre, que se corte también el cabello; y si le
es vergonzoso a la mujer cortarse el cabello o raparse, que
se cubra" (1 Co. 11:3-6).*

*"Pues Dios no es Dios de confusión, sino de paz. Como
en todas las iglesias de los santos, vuestras mujeres callen
en las congregaciones; porque no les es permitido hablar,
sino que estén sujetas, como también la ley lo dice. Y si
quieren aprender algo, pregunten en casa a sus maridos;
porque es indecoroso que una mujer hable en la congrega-
ción" (1 Co. 14:33-35)*

*"Quiero, pues, que los hombres oren en todo lugar, le-
vantando manos santas, sin ira ni contienda. Asimismo
que las mujeres se atavíen de ropa decorosa, con pudor y
modestia; no con peinado ostentoso, ni oro, ni perlas, ni
vestidos costosos, sino con buenas obras, como corresponde a mujeres que profesan piedad. La mujer aprenda
en silencio, con toda sujeción. Porque no permito a la mujer enseñar, ni ejercer dominio sobre el hombre, sino estar
en silencio. Porque Adán fue formado primero, después
Eva; y Adán no fue engañado, sino que la mujer, siendo
engañada, incurrió en transgresión"(1 Ti. 2:8-14)*

Los intérpretes que se encuentran en la extrema derecha
sostienen que estos pasajes imponen una prohibición absoluta
sobre cualquier papel de enseñanza o de liderazgo respecto de
las mujeres en la iglesia. Algunos llegan tan lejos como para
prohibirles que oren en reuniones donde hay hombres presentes. La pobreza espiritual y la frustración que con frecuencia
derivan de una posición tan extrema es un hecho liso y llano
a lo largo de toda la historia de la iglesia.

Los que se hallan en la extrema izquierda interpretan estos
pasajes como solamente el reflejo de las situaciones culturales
contemporáneas de esa época, sin tener un paralelo en la actualidad y solo una importancia marginal. Por lo tanto, ellos
asignan a las mujeres un papel de enseñanza y liderazgo bastante ilimitado en la iglesia.

Pero ¿son estos dos extremos la única interpretación posible? ¿No puede haber una alternativa razonable, una posición

intermedia aceptable? Puesto que tanto las Escrituras como Pablo tienen tanto para decir sobre las mujeres, la familia y el matrimonio, ¿no es bastante improbable que el problema pueda resolverse citando dos o tres pasajes, ignorando a la vez una porción mucho más grande de las Escrituras? De hecho, hubo un énfasis mal equilibrado en el aspecto negativo de los pasajes citados anteriormente, y una atención inadecuada prestada a muchos otros pasajes que permiten una interpretación algo más liberal.

La descollante concepción de Pablo acerca de la santidad del vínculo matrimonial se refleja en el paralelo que traza entre la relación entre el hombre y su esposa y la relación entre Cristo y la iglesia. "Maridos, amad a vuestras mujeres, así como Cristo amó a la iglesia, y se entregó a sí mismo por ella" (Ef. 5:25). Este es un asombroso contraste frente a las enseñanzas clásicas del Corán o de Confucio, donde el énfasis está invariablemente colocado en el deber de la esposa hacia el esposo.

Dicho sometimiento no era respaldado por Pablo: "Así también los maridos deben amar a sus mujeres como a sus mismos cuerpos. El que ama a su mujer, a sí mismo se ama" (Ef. 5:28). También cabe advertir que el sometimiento de la mujer hacia el hombre es hacia su propio esposo, no respecto de todos los hombres.

EL FACTOR CULTURAL

Inevitablemente surge la pregunta: ¿Cuánto debe tomarse en cuenta la situación cultural existente en la época de Pablo para que tratemos de determinar una aplicación contemporánea? En este respecto, F. F. Bruce realiza un comentario relevante: "La relatividad cultural debe por cierto tomarse en cuenta cuando el mensaje permanente del Nuevo Testamento recibe hoy día nuestra atención práctica. Debemos considerar la situación coyuntural y temporal en la que se expresó por primera vez ese mensaje si es que queremos discernir cuál es realmente su esencia permanente y aprender a aplicarlo a las circunstancias locales y temporales de nuestra propia cultura".

En 1 Corintios 11:1-14, Pablo está preocupado por una cuestión de orden: La recomendación de que las mujeres utilicen un velo en la cabeza en los servicios públicos de oración en Corinto. En este pasaje, él no realiza una proclamación sobre la enseñanza para todo momento.

Ha sido señalado que el versículo: "Porque no permito a la mujer enseñar, ni ejercer dominio sobre el hombre, sino estar en silencio" (1 Ti. 2:12) parece no tener un marco temporal en español, como si dijera: "*Nunca* permitiré que una mujer enseñe..." Sin embargo, en griego hay aquí un verbo presente activo que puede traducirse: "Actualmente no estoy permitiendo que una mujer enseñe o que tenga autoridad sobre un hombre". Pablo estaba prohibiendo al parecer a quienes no eran adecuadamente instruidas en la enseñanza. El maestro primero debe ser enseñado. Pero el tiempo verbal no puede necesariamente convertirse en un principio general para todo momento.[4]

¿Qué condiciones culturales prevalecían en esa época que deberían ser tomadas en cuenta en nuestra interpretación?

- Casi la mitad de las personas del Imperio Romano eran esclavas.
- La condición de las mujeres era muy inferior. Casi no recibían educación y se las consideraba como si fueran esclavas.
- En sus oraciones, los hombres judíos agradecían a Dios por no ser mujeres.
- Los hombres no debían hablar con mujeres en lugares públicos.
- Las mujeres orientales no salían sin cubrir sus cabezas. Hacerlo o rasurarse la cabeza las convertía en inmorales.

Al adorar en las sinagogas, las mujeres estaban separadas de los hombres, y con frecuencia interrumpían a sus esposos para realizarles preguntas que se contestaban en el hogar.

Prácticamente ninguna de estas condiciones culturales encuentran un paralelo en la cultura de nuestros días. La cruz de Cristo ha traído consigo un amplio cambio en la condición de las mujeres.

Cuando se toman en consideración las condiciones existentes, vemos que las restricciones que expresó Pablo eran razonables y necesarias. Pero, ¿son igualmente aplicables en el ámbito cultural de nuestra época? Lo que eran las pautas para los adoradores en una iglesia y en una situación cultural no deben convertirse en leyes obligatorias para todos los tiempos y todas las situaciones.

Las restricciones de Pablo tenían como objetivo corregir situaciones impropias y traer orden en reuniones muy perturbadas en la iglesia (1 Co. 14:33), no proclamando una prohibición para que las mujeres oraran, profesaran, evangelizaran o enseñaran. Su acento está puesto en que las mujeres se comporten de manera tal que su conducta no interrumpa el servicio de adoración ni avergüence a sus esposos. Pablo estaba desalentando el cuestionamiento público o participando en casos en los que las mujeres estaban usurpando la autoridad de sus esposos, degradándolos de esa manera.

Si bien admito los indudablemente dificultosos problemas de interpretación de estos pasajes, existen otras consideraciones que me llevan a dudar que la actitud restrictiva tradicional sea la verdadera y única explicación posible.

El Espíritu Santo confiere soberanamente dones sobre cada creyente sin referencia al género (1 Co. 12:11). Estos dones claramente deben ser utilizados para el crecimiento de la iglesia. Si el Espíritu hubiera evitado que las mujeres recibieran estos dones de enseñar o liderar, lo aceptaríamos como una clara indicación de su voluntad. Pero esto no es así.

Si solo los hombres fueran designados en posiciones en los que pueden ejercerse estos dones, ¿no se frustraría el propósito de los dones del Espíritu y se empobrecería la iglesia? "El Espíritu de Dios ha expresamente dotado a algunas mujeres del Antiguo y Nuevo Testamento con poderes de liderazgo, como para demostrar que Él se reserva el derecho, aunque la amplia mayoría de líderes han sido hombres".[5]

Tanto la Biblia (el Antiguo y el Nuevo Testamento) como varios relatos de la historia de la iglesia (del pasado y del presente) brindan ejemplos de mujeres divinas ejerciendo un fructífero ministerio en cuanto a profesar, administrar, evangelizar y enseñar. Donde hay una adhesión de hierro a las prohibiciones de Pablo en la cambiada situación de hoy día, con mucha frecuencia se encuentra esterilidad y frustración. Por otra parte, la indudable liberación espiritual y utilidad que ha resultado del ministerio de mujeres tales como Catherine Booth, Ruth Paxson, Henrietta Meares, Geraldine Howard Taylor, Isabel Kuhn, y muchas otras deben ser tomadas en cuenta para saber si la interpretación restrictiva es la correcta.

Es cierto que el Nuevo Testamento no describe a las mujeres con un papel dominante ya sea en la teología o en el liderazgo. Pero las mujeres hicieron mucho en los primeros años de la iglesia, y pueden seguir haciéndolo, con frecuencia con mejores resultados que los hombres.

Hudson Taylor fue un pionero no solo en el empleo de laicos en obras misioneras sino también en el uso de mujeres solteras en obras pioneras en China. En 1885, la *China Inland Mission* abrió centros en el populoso río Kwang sin que fueron dirigidos por mujeres solteras. Treinta años después había una cadena completa de diez estaciones centrales, sesenta subestaciones, más de dos mil doscientos comulgantes y una gran cantidad de solicitantes, alumnos en las escuelas. Estas damas eran aún las únicas misioneras extranjeras entre los pastores nativos a los que habían capacitado.

A la vista de este logro notable de las mujeres cristianas, uno no puede más que preguntarse, ¿el Espíritu Santo habla con dos voces, prohibiendo a las mujeres que enseñen o lideren, y luego bendiciéndolas ricamente cuando ellas desobedecen?

Si esto se objeta, aunque debemos guiarnos por las Escrituras y no por la experiencia, la objeción es válida. *Pero* debemos asegurarnos que hemos *interpretado correctamente las Escrituras.* En este caso, la suposición seguramente es que esta no es la interpretación correcta. Más del sesenta por ciento de los misioneros de la actualidad son mujeres, la mayoría de las cuales ejercen las funciones que la posición extremadamente conservadora les negaría. Sin su aporte en la enseñanza y con frecuencia en el liderazgo, la causa misionera se hubiera empobrecido enormemente.

NOMBRANDO A ALGUNAS MUJERES DE DIOS

Al parecer, Pablo no notó ninguna discrepancia entre las instrucciones que dio y el hecho de que en su época las mujeres oraban, profesaban, enseñaban y evangelizaban. Contaba con muchas mujeres entre sus amigos y compañeros, era cálido en su alabanza y apreciación de su servicio de sacrificio.

En Romanos 16, hizo una mención especial a casi tantas mujeres como hombres amigos, y las expresiones que empleó arrojaron algo de luz sobre el papel y el ministerio de las mujeres en aquellos primeros años de la iglesia.

Febe (16:1-2) es descripta como una "diácono". En el idioma griego, la palabra *diácono* es la misma ya se trate del género masculino o femenino. También es la palabra que utilizó Pablo refiriéndose a sí mismo y a Apolo (1 Co. 3:5) y no existen fundamentos lingüísticos ni teológicos para trazar una diferenciación entre la función de ella y la de otros diáconos masculinos. La palabra se emplea con tanta frecuencia para referirse a hombres como a mujeres. Como comentó D. G. Stewart, parecería que las mujeres estaban realizando la misma cantidad de obras requeridas de los diáconos como los hombres, ya fuera que tuvieran el título o no.

En el versículo 2, la palabra traducida "ha ayudado" aclara aún más su función. Se aplican términos análogos de la misma raíz a los que ejercen el liderazgo en las iglesias, por ejemplo: "Os presiden en el Señor, y os amonestan" (1 Ts. 5:12). En Romanos 12:8 la misma palabra se traduce como "el que preside" y en 1 Ti. 5:17 se aplica a "predicar y enseñar" en la iglesia. Así, el término empleado por Pablo podría indicar que Febe no solo cumplía la función de un diácono, sino que también ocupaba algún cargo administrativo.

Priscila (16:3) parece haber sido más dinámica que su esposo Aquila, pero juntos funcionaron como un equipo pastoral conformado por esposos, dirigiendo una iglesia en sus hogares de Corintio y Roma. El hecho de que ejerció un ministerio de enseñanza se cita explícitamente en las Escrituras (Hch. 18:26), puesto que ella y su esposo llevaron al elocuente Apolo a su hogar y le explicaron de manera más detallada el camino de Dios. No hay sugerencia de que al hacer esto Priscila estuviera actuando en forma contraria a las enseñanzas de Pablo. Ella compartió con Aquila el título y la tarea de "colaboradores". Pablo describió el agradecimiento de "todas las iglesia de los gentiles" (16:4) a su ministerio conjunto (16:4).

Junias (16:7). Tanto Crisóstomo como Teofilacto decían que era una mujer. Los comentadores antiguos llegaron a la conclusión de que Andrónico y Junias eran una pareja casada. En ningún otro lugar se encuentra a Junias como nombre de un hombre. Sobre Junias, Crisóstomo escribió:

> De hecho, ser apóstoles es algo importante. Pero hallarse entre aquellos de gran nota es un gran encomio. Pero no fueron de gran nota debido a sus obras, a sus logros. ¡Ah! cuán grande es la devoción de esta mujer que debería ser considerada digna de la apelación de apóstol.[6]

En el versículo 7, se nos dice que Andrónico y Junias fueron "muy estimados entre los apóstoles", utilizando esa palabra, por supuesto, en su sentido secundario, como cuando se hace referencia a Bernabé (Hch. 14:14). Si bien no existe una certeza absoluta, existen fundamentos razonables para considerar a Junias como un apóstol en el sentido limitado.

Las hijas de Felipe (Hch. 21:9). Eusebio las mencionó como "potentes luminarias". Claramente ejercieron el don profético. En 1 Corintios 11:5, Pablo dio instrucciones sobre cómo deberían vestirse las mujeres mientras oraban o profesaban. En ese contexto no hay ninguna diferencia entre la oración y la profesión de los hombres (11:4) y las de las mujeres (11:5). En cada pasaje de las Escrituras en las que apóstol enumera dones espirituales, la profesión ocupa el primer lugar como el don más importante, y en 1 Corintios 14:3, especifica su naturaleza y función: "Pero el que profetiza habla a los hombres para edificación, exhortación y consolación". ¿No sería extraño que Pablo permitiera que las mujeres ejercieran el más alto don de la profesión y a la vez prohibiera el don menos importante de la enseñanza?

Evodia y Síntique (Fil. 4:2-3) al parecer ocupaban cargos de liderazgo tan influyentes en la iglesia que su desacuerdo puso en peligro su unidad. Si bien sin condenar su desavenencia, Pablo les recomendó con gran afecto: "que ayudes a éstas que combatieron juntamente conmigo en el evangelio" (4:3), compartiendo su tarea y ministerio común. Las identificó con Clemente y los otros compañeros de trabajo en la proclamación del evangelio.

Todos estos pasajes de las Escrituras, al tomarlos juntos, constituyen una buena base para sostener que la orden de mantener el silencio en los primeros años de la iglesia no era absoluta. La Biblia dice con claridad que no se impedía a las mujeres ejercer un ministerio fructífero y satisfactorio.

En 2 Timoteo 2:2, Pablo escribió: "Lo que has oído de mí ante muchos testigos, esto encarga a hombres fieles que sean idóneos para enseñar también a otros". De hecho, la palabra *hombres* empleada aquí es un término genérico que se podría traducir igualmente como "personas fieles", incluso a las mujeres.

> Casi no puede negarse que algunas mujeres hoy día tienen un don para la enseñanza y la aplicación de la Biblia. Esto parecería ser una medida de la diferencia entre nuestra situación y la de Pablo ¡cuando no había un Nuevo Testamento para enseñar! Pero el hecho de otorgar el don es en sí una indicación de que Dios quiso que el don fuera utilizado en la iglesia para la edificación. Entonces, *prima facie,* Dios tiene la intención de que algunas mujeres enseñen y prediquen.[7]

A la luz de lo que ha sido escrito, Pablo parece asignarle a las mujeres un papel satisfactorio, sino dominante en los reinos de la oración, la enseñanza, la evangelización y la administración. Como se mencionó anteriormente, no hay ningún precedente bíblico que se refiera a que las mujeres tengan un papel dominante en el liderazgo o en la teología. Pero en su administración de la iglesia universal y en la ejecución de la gran comisión, el Espíritu Santo ha dado un alcance mucho más amplio del ministerio a las mujeres del que habitualmente se les asigna en nuestras iglesias. ¿Tenemos una razón válida para ser más selectivos que el Espíritu Santo?

NOTAS

1. Williams, Don, *Paul and Women in the Church* (Glendale: Gospel Light, 1977), p. 11.
2. Speer, *The Man Paul*, p. 104.
3. *Evangelicals and the Ordination of Women* (Kent: Grove Books, 1973), p. 24.
4. *Williams, Paul and Women in the Church*, p. 112.
5. *Evangelicals and the Ordination of Women*, p. 21.
6. Sanday, William y Arthur Headlam, *The Epistle to the Romans* (Edimburgo: T. & T. Clark, 1902), p. 423.
7. *Evangelicals and the Ordination of Women*, p. 25.

12

UNA FILOSOFÍA DE LA DEBILIDAD

"Y me ha dicho: Bástate mi gracia; porque mi poder se perfecciona en la debilidad. Por tanto, de buena gana me gloriaré más bien en mis debilidades, para que repose sobre mí el poder de Cristo" (2 Co. 12:9)

Formamos parte de una generación que adora el poder: Militar, intelectual, económico, científico. El concepto de poder está integrado a la trama de nuestra vida cotidiana. Todo nuestro mundo está dividido en bloques de poder. En todas partes los hombres están luchando por el poder en diversas áreas, con frecuencia con una motivación cuestionable.

Sobre el tema del poder hay un fuerte y asombroso contraste entre la visión de Dios y la nuestra. Sus palabras a través de Isaías en su época no son menos apropiadas en la nuestra: "Porque mis pensamientos no son vuestros pensamientos, ni vuestros caminos mis caminos, dijo Jehová" (Is. 55:8). A diferencia de toda filosofía mundana, el evangelio va en busca de los débiles y los enfermos.

El reconocido predicador escocés James S. Stewart realizó una declaración que es a la vez revolucionaria y desafiante, porque actúa como un crudo golpe a nuestro orgullo y autosuficiencia humanas.

Siempre es sobre la debilidad y humillación humanas, no sobre la fortaleza y la confianza humanas, que Dios escoge construir su reino; y que puede utilizarnos no solo a pesar de nuestra mediocridad, nuestro desamparo y nuestras enfermedades que nos descalifican, sino precisamente por ellas. Es un hallazgo asombroso que puede revolucionar nuestra visión misionera.[1]

Estas palabras son de hecho revolucionarias, pero no más que la propia filosofía de Pablo sobre la debilidad. Cabe advertir algunas enunciaciones paradójicas del apóstol:

> *"Lo débil del mundo escogió Dios, para avergonzar a lo fuerte; ...Y estuve entre vosotros con debilidad, y mucho temor y temblor; ...me gozo en las debilidades...porque cuando soy débil, entonces soy fuerte...mi poder se perfecciona en la debilidad...de mí mismo en nada me gloriaré, sino en mis debilidades"* (1 Co. 1:27; 2:3; 2 Co. 12:10, 9, 5).

Así como estos sorprendentes pasajes contienen uno de los principios dominantes del liderazgo de Pablo, deberían pasar a formar gran parte de los nuestros. La apreciación de la debilidad es una inversión total del pensamiento de la mente mundana, desafiando sus normas aceptadas. ¿Qué persona en el mundo podría considerar a la debilidad como una cualidad de liderazgo? Pero Pablo había aprendido que "lo insensato de Dios" (actividades que parecen tontas para las personas no regeneradas) "es más sabio que los hombres, y lo débil de Dios es más fuerte que los hombres" (1 Co. 1:25).

Dios es un Dios que se oculta. Su poder habitualmente es un poder oculto. Con frecuencia revela su omnipotencia bajo un manto de silencio. ¿Quién advierte las toneladas de savia que pasan por la madera de un gran tronco de árbol? ¡En qué forma tan silenciosa y poco reconocible el agua se convierte en hielo! Con seguridad su debilidad es mayor que nuestro poder.

La sabiduría oculta y el poder de Dios se ven, dice Pablo, en el tipo de gente que Él escoge para establecer su reino. "Pues mirad, hermanos, vuestra vocación, que no sois muchos sabios según la carne, ni muchos poderosos, ni muchos nobles; sino que lo necio del mundo escogió Dios, para avergonzar a los sabios; y lo débil del mundo escogió Dios, para avergonzar a lo fuerte; y lo vil del mundo y lo menospreciado escogió Dios, y lo que no es, para deshacer lo que es, a fin de que nadie se jacte en su presencia" (1 Co. 1:26-29).

"No debe olvidarse", escribió A. T. Robertson, "que Jesús

eligió a sus discípulos entre los artesanos y pescadores incultos de Galilea, salvo a Judas. No tuvo en cuenta a los seminarios teológicos rabínicos donde el impulso religioso había muerto y el pensamiento se había cristalizado. No tendrá en cuenta las escuelas de hoy día si los maestros y los alumnos escogen cerrar sus mentes a Él".[2]

Si bien Pablo mismo era un intelectual, se glorificó en el hecho de que Dios intencionalmente no eligió al intelectual, al nacido en la clase alta, a los poderosos ni a los que tenían influencia. En cambio, escogió personas que eran débiles en su habilidad, influencia o incluso en su cuerpo, aquellos descartados y subestimados por el mundo, para lograr sus propósitos de bendición. ¿Y la razón para su elección? "A fin de que nadie se jacte en su presencia" (1:29).

El doctor Stewart ve en nuestras propias debilidades humanas un arma divina potencialmente poderosa:

> Nada puede vencer a una iglesia o a un alma que no toma su fortaleza sino su debilidad y se la ofrece para que sea un arma de Dios. Fue lo que hicieron William Carey y Francis Xavier y Pablo el apóstol. "Señor, aquí está mi debilidad humana: ¡Te la dedico por tu gloria!" Esta es la estrategia para la cual no hay réplica. Esta es la victoria que vence al mundo.[3]

¡Debemos recordar que Dios no se confina a seres sin importancia débiles y despreciados! La Condesa de Huntingdon, refiriéndose a 1 Corintios 1:26 solía decir: "Estoy tan agradecida por una palabra de la Biblia. No dice *ningún* noble, sino: No *muchos* nobles". Dios desea bendecir y utilizar a *todos* sus hijos, independientemente de accidentes de nacimiento, talento natural o buena disposición. Pero puede hacerlo únicamente cuando ellos están dispuestos a renunciar a la dependencia total de sus propios dones y calificaciones naturales.

El punto de vista de Pablo es que Dios puede lograr sus propósitos con mayor eficacia ya sea en ausencia de sabiduría humana, poder y recursos o bien en el abandono de la confianza en ellos. La debilidad humana proporciona el mejor ámbito para desplegar el gran poder de Dios, y por lo tanto es un activo valioso.

Pablo mismo fue uno de los hombres sabios, nobles e influyentes de su época. Poseía poder intelectual, ardor emocional, celo feroz y lógica irresistible, y sin embargo renunció a la dependencia de estas cualidades y de todos los artificios por su propio deseo. Cabe advertir el espíritu con el que enfocó su ministerio a la iglesia de Corinto: "Y estuve entre vosotros con debilidad, y mucho temor y temblor; y ni mi palabra ni mi predicación fue con palabras persuasivas de humana sabiduría, sino con demostración del Espíritu y de poder" (1 Co. 2:3-4).

Incluso mientras Pablo estaba haciendo uso de sus dones y calificaciones, internamente estaba renunciando a depender de ellos a fin de lograr resultados espirituales, confiando, en cambio, en el gozoso Espíritu Santo para que le proporcione el poder. Le daba la bienvenida a la debilidad que hacía que su dependencia con Dios fuera más completa.

Dwight L. Moody, el Billy Graham de su época, aprendió a explotar el poder de la debilidad al igual que Pablo. No era instruido, su aspecto físico era poco atractivo y su voz era muy aguda y nasal. Pero su debilidad consciente no impidió que Dios sacudiera al mundo a través de él.

En una ocasión, un periodista fue asignado a cubrir sus campañas con el objeto de descubrir el secreto de su extraordinario poder e influencia sobre las personas de todos los estratos sociales. Cuando regresó, escribió: "No puedo ver qué es lo que tiene Moody para lograr su obra maravillosa".

Cuando Moody se enteró de esto, se rió entre dientes y dijo: "Por supuesto que no, porque la obra era de Dios, no mía". La debilidad de Moody era el arma de Dios.

El "aguijón en la carne" de Pablo fue un recordatorio perpetuo de su debilidad humana, pero se dio cuenta de que de ninguna manera era sin propósito: Era "para que repose sobre mí el poder de Cristo" (2 Co. 12:9). James Denney escribió al respecto: "Nadie que vio este [poder] y miró a un predicador como Pablo podría soñar que la explicación residía en él. No en un judío pequeño y feo, sin presencia, sin elocuencia, sin los medios para sobornar u obligar, podía encontrarse la fuente de tal valentía, la fuente de tales transformaciones; se lo debe buscar, no en él sino en Dios".[4]

Es poco probable que Pablo gozara de su debilidad desde el principio mismo de su ministerio. Al igual que nosotros, estaba dispuesto a protestar, y por lo tanto fue un proceso gradual de aprendizaje. Dijo: "he aprendido a contentarme, cualquiera que sea mi situación" (Fil. 4:11). Pero al comenzar a dominar la ley divina de la compensación, finalmente alcanzó la altura de poder decir con sinceridad: "me gozo en las debilidades, en afrentas, en necesidades, en persecuciones, en angustias; porque cuando soy débil, entonces soy fuerte" (2 Co. 12:10).

Un gran secreto del éxito de Pablo como líder fue que estableció un brillante ejemplo para sus seguidores, dado que extraía poder de sus debilidades. Arrebató sus secretos de ellas, y a través del ministerio del Espíritu descubrió que podían convertirse en un activo en lugar de un pasivo.

¿No solemos considerar nuestra debilidad y falta de adecuación como una excusa justificable para escaparnos de una tarea difícil? Dios otorga estas mismas cualidades como el ímpetu para manejarlas. Si sostenemos que somos demasiado débiles, Él afirma que esa debilidad fue el motivo por el cual nos eligió, para que su fortaleza sea perfeccionada en nuestra debilidad. Se decía de los héroes de fe de Hebreos 11 que "sacaron fuerzas de debilidad" (11:34).

Al principio mismo de la *China Inland Mission*, en enero de 1866, Hudson Taylor expresó su filosofía de la debilidad:

> Podemos adoptar el lenguaje del apóstol Pablo y decir "¿quién es suficiente para estas cosas?" Expresando la debilidad en nosotros mismos, deberíamos estar abrumados con la inmensidad de la obra que está ante nosotros, y el peso de la responsabilidad que recae en nosotros, si no fuera que nuestra misma debilidad e insuficiencia nos da un reclamo especial para el cumplimiento de SU promesa, la de el que ha dicho: "Mi gracia es suficiente para ti, mi fortaleza se perfecciona en la debilidad".

Cien años más tarde, la misión fundada por Hudson Taylor sigue demostrando la validez y el poder de esta filosofía.

NOTAS

1. Stewart, James S., *Thine Is the Kingdom* (Edimburgo: St. Andrews Press), p. 23.
2. Robertson, A. T., *The Glory of the Ministry* (Nueva York: Revell, 1911), p. 253.
3. Stewart, *Thine Is the Kingdom*, p. 24.
4. Denney, James, *Expositor´s Bible — Corinthians* (Londres: Hodders), p. 160.

13

LA CAPACITACIÓN DE OTROS LÍDERES

"Sé ejemplo de los creyentes en palabra, conducta, amor, espíritu, fe y pureza"(1 Ti. 4:12)

Fue el argumento de John R. Mott que otros líderes deben buscar multiplicar sus propias vidas por medio del desarrollo de hombres más jóvenes, otorgándoles libertad de acción y una salida adecuada para sus poderes. A fin de lograr esto, se los debe cargar con un gran peso de responsabilidad, incluyendo crecientes oportunidades de iniciativa y poder de decisión final. Es más, se les debe otorgar reconocimiento y un crédito generoso por sus logros.

El método que utilizó Pablo para preparar a Timoteo para su obra fue profundamente instructivo. Pablo anduvo por los pasos de su Maestro, y sus técnicas de enseñanza estaban en plena armonía con la prescripción de Mott. Vertió su propia personalidad y convicciones en Timoteo y estuvo preparado para estar mucho tiempo con él.

Timoteo tenía probablemente veinte años cuando comenzó su tutelaje. El joven hombre de Dios al parecer carecía de la afirmación de su maestro, una debilidad que probablemente se veía acentuada por su mala salud. "Era más propenso a yacer que a liderar". Su timidez innata y su tendencia a la lástima propia también necesitaban corrección. El joven necesitaba más hierro incorporado a su carácter. A partir de referencias fortuitas podría inferirse que Timoteo tendía a ser demasiado tolerante y parcial con personas importantes, y bastante vago en su trabajo.

A partir de la exhortación de Pablo de "que avives el fuego del don de Dios" (2 Ti. 1:6) parece ser que, al igual que muchos otros, Timoteo era apto para confiar en antiguas experiencias espirituales, en lugar de reavivar sus brasas agonizantes.

A pesar de estos aspectos negativos su carácter, Pablo tenía una elevada opinión de su potencial, con aspiraciones muy encumbradas y exigentes para él. Lo mantenía en el lugar más alto, sin evitarle experiencias dificultosas. Ni tampoco le brindó refugio ante penurias que endurecerían su fibra e impartirían virilidad.

Le asignó a Timoteo tareas que iban más allá de su capacidad consciente, pero lo alentó y lo fortificó en su ejecución. ¿De qué otra manera podría un joven desarrollar sus poderes y capacidades más que manejando situaciones que lo llevaran al límite?

Gran parte de la capacitación la recibió en el trabajo mientras viajaba con Pablo, un privilegio único para un hombre tan joven. Tales viajes lo pusieron en contacto con todo tipo de gente, hombres de estatura cuya personalidad y logros encenderían en él una ambición saludable. De su tutor sin duda aprendió cómo salir triunfante de los reveses y las crisis que parecían ser rutinarios en la vida y el ministerio de Pablo.

El apóstol fue rápido en compartir su ministerio con sus colegas. Le confió a Timoteo la responsabilidad de establecer el núcleo cristiano en Tesalónica y confirmarlos en la fe, una tarea para la cual se había ganado la aprobación de Pablo. También fue a resolver problemas a Corinto, un lugar difícil en el que la autoridad apostólica de Pablo estaba en riesgo. Allí Timoteo aprendió lecciones invalorables en el proceso. Como de costumbre, las exigentes normas del apóstol las elevadas expectativas y las pesadas demandas sirvieron para obtener lo mejor del joven, salvándolo del peligro de la mediocridad.

Los grandes hombres se construyen más por sus fracasos que por sus éxitos. Abraham Lincoln, se ha dicho "es tal vez el ejemplo más conocido. Fue un fracaso en los negocios, fue un fracaso como abogado, fracasó en convertirse en candidato para la legislatura estatal. Fue frustrado en su intento por convertirse en comisionado de la *General Land Office*. Fue vencido en las elecciones como vicepresidente y senador. Pero no permitió que el fracaso arruinara su vida. Ni tampoco permitió que el fracaso lo amargara respecto de la gente".

En una época en la que el hombre de menos de treinta años no era normalmente considerado digno de gran reconocimiento, la juventud de Timoteo fue una desventaja importante. Pero eso no impidió que Pablo le otorgara responsabilidades y que lo alentara a no decaer debido a su edad.

"Ninguno tenga en poco tu juventud, sino sé ejemplo de los creyentes en palabra, conducta, amor, espíritu, fe y pureza" (1 Ti. 4:12). Estas son cualidades en las cuales una persona joven es deficiente.

Pero la vida ejemplar puede compensar grandemente cualquier desventaja de la juventud. Un joven me dijo en un centro de obra cristiana: "¡Hay que tener el cabello gris para traer un libro de himnos aquí!" ¡El secretario del movimiento tenía más de ochenta años! Pablo nos enseña la importante lección de que es sabio confiar responsabilidades en personas jóvenes estables y prometedoras.

LAS OBLIGACIONES QUE LE DIO PABLO

Pablo concentró su consejo a Timoteo en una obligación cuádrupla, y las apuntaló con cinco "dichos dignos de decir". A fin de alentar y fortificar al joven pastor para su tarea intimidatoria en Éfeso, una iglesia que había gozado de una galaxia de talento, y por la cual Timoteo se hubiera sentido inadecuado, Pablo le indicó cuatro obligaciones solemnes de las que podemos aprender qué cosas consideraba vitalmente importantes en la obra pastoral.

(1) *Guardar el depósito.* "Oh *Timoteo, guarda lo que se te ha encomendado,* evitando las profanas pláticas sobre cosas vanas, y los argumentos de la falsamente llamada ciencia, la cual profesando algunos, se desviaron de la fe" (1 Ti. 6:20-21).

Moffat traduce la primera parte de este pasaje: "Mantén intactos los valores de la fe". Este es un ejemplo del ámbito bancario, y la palabra que a veces se traduce como "depósito" tenía gran parte del significado que tiene hoy día: dinero confiado a un banquero para que lo guarde. Es deber del banquero devolverlo intacto. Así, Pablo le estaba diciendo a Timoteo: "Dios ha hecho un depósito en tu banco espiritual; monta guardia sobre él".

El joven se le había confiado las verdades de la salvación de Dios, y tenía que dar cuenta de su administración. Necesitaba hacer uso de sus dones espirituales sacándoles el mayor provecho para avanzar con el reino. Había sido elegido para ser el heraldo que comunicara la palabra. "Del cual yo fui constituido predicador" (2 Ti. 1:11), dijo el mismo Pablo. El que proclama la palabra debe estar seguro de mantener intacto el depósito. No solo debe defender la fe en contra de los ataques de los falsos maestros, sino que también debe predicarla positivamente con convicción.

En nuestra reacción justificable a una calidad de juicio sin amor en la iglesia, no debemos volvernos tan tolerantes como para que fracasemos en guardar el depósito. Debemos pelear por la fe sin ser peleadores de espíritu.

(2) *Actuar sin favoritismos.* "Te encarezco delante de Dios y del Señor Jesucristo, y de sus ángeles escogidos, que guardes estas cosas sin prejuicios, no haciendo nada con parcialidad" (1 Ti. 5:21). ¿Esta obligación surgió del temor de Pablo de que el joven Timoteo fuera demasiado fácil de influir por parte de grupos de presión, una situación que no es desconocida en la obra cristiana de nuestros propios días?

En todo momento somos responsables de ser motivados por consideraciones subjetivas, por lo que necesitamos la fortalecedora influencia de esta seria obligación. En la obra cristiana, la imparcialidad absoluta, la honestidad indudable y la integridad son fundamentales. Nuestras aversiones o afinidades personales deben dejarse de lado. Las palabras *parcialmente y favoritismo* implican prejuicio, un prejuicio del caso. Incluso los hombres mundanos esperan justicia e imparcialidad. Pero por cierto la iglesia debe marcar la norma, puesto que su bienestar depende de una disciplina imparcial.

(3) *Mantener los principios impolutos.* "Te mando delante de Dios, que da vida a todas las cosas, y de Jesucristo, que dio testimonio de la buena profesión delante de Poncio Pilato, que guardes el mandamiento sin mácula ni represión, hasta la aparición de nuestro Señor Jesucristo, la cual a su tiempo mostrará el bienaventurado y solo Soberano, Rey de reyes, y Señor de señores" (1 Ti. 6:13-15). La palabra *guardar* significa "preservar, montar guardia sobre". Parecería que Pablo estaba instando a Timoteo a que mantuviera el encargo que se le había confiado, los principios contenidos en la palabra de Dios, inmaculados y sin defectos hasta la aparición de Cristo.

Un líder es el guardián de los principios de la iglesia, misión u organización en la que tiene responsabilidades. Él es el que debe practicar, enseñar y sostener estos principios, vigilando que los que están por debajo de él los observen conscientemente.

(4) *Mantener el sentido de urgencia* "Te encarezco delante de Dios y del Señor Jesucristo, que juzgará a los vivos y a los muertos en su manifestación y en su reino, que prediques la palabra; que instes a tiempo y fuera de tiempo; redarguye, reprende, exhorta con toda paciencia y doctrina". (2 Ti. 4:1-2). Debe tenerse presente que Pablo estaba anticipando un fallecimiento temprano, y por lo tanto con frecuencia estaba bajo la influencia del mundo por venir. Su obligación respecto del juicio venidero debe haberle parecido especialmente solemne a su joven colega.

"Proclama la Palabra. Proclámala en toda su gloria y totalidad", instó. "Debes estar preparado para que la oportunidad parezca favorable o no favorable, conveniente o inconveniente. Aprovecha toda oportunidad. Nunca pierdas tu sentido de la urgencia. Toma la iniciativa y sigue adelante con un celo constante". El viejo guerrero se había ganado el derecho de delegar estas obligaciones al hombre más joven, porque había demostrado que era un veterano espiritual experimentado hasta un grado único en su propia vida y ministerio.

Algunos dichos confiables

En sus cartas pastorales, Pablo escribió para alentar y vigorizar a sus jóvenes colegas. Expresó cinco "dichos confiables" en estas cartas, cada uno de los cuales trata aspectos importantes de la vida y el servicio cristianos. Utilizando la fórmula: "Aquí hay un dicho confiable", lo que merece plena aceptación, atraía la atención a mensajes que eran al parecer corrientes en las iglesias de esa época. Pero estos dichos todavía tienen importancia para la iglesia hoy día.

(1) *Salvación.* "Palabra fiel y digna de ser recibida por todos: que Cristo Jesús vino al mundo para salvar a los pecadores, de los cuales yo soy el primero" (1 Ti. 1:15). Este dicho resume el evangelio. Es un epigrama asombroso pero sencillo que ha atravesado la feroz prueba del reto y la experiencia. Ha surgido de la prueba severa del ridículo y la persecución con éxito y por lo tanto debe obtener la afirmación espontánea y entusiasta.

Pablo utilizó las palabras *vino al mundo* no meramente para expresar el cambio de ubicación sino también para enfatizar el cambio de condición y de entorno. Se implica el sacrificio supremo: *Salvar a los pecadores*. Cuanto más Pablo comprendió la magnitud del sacrificio de Cristo y la gracia de Dios, más profunda fue su consciencia de su propia indignidad.

(2) *Liderazgo.* "Palabra fiel: Si alguno anhela obispado, buena obra desea" (1 Ti. 3:1). Una versión de la Biblia dice: "Aspirar al liderazgo es una ambición honorable". Cabe advertir que el honor o la nobleza está en la obra misma, no en el prestigio que puede conferir.

Podría perfectamente preguntarse, ¿este dicho no tiende a alentar la ambición indigna o pecaminosa, "la última enfermedad de las mentes nobles"? ¿El cargo no debería buscar al hombre en lugar de que el hombre busque el cargo?

¡Sí y no! Hoy día el cargo de obispo o supervisor es prestigioso, pero cuando Pablo escribió estas palabras, involucraban un alto grado de sacrificio y peligro y muy poco prestigio. Asumir este cargo en la iglesia era invitar a la persecución, a las penurias y hasta la muerte, así como sucede en muchos países hoy día. Esto seguramente tendería a evitar solicitudes por parte de candidatos no sinceros. Bajo las circunstancias de esos días, se necesitaba un fuerte incentivo para alentar al tipo de persona correcta que ocupe el cargo, y Pablo estaba tratando de proporcionar este incentivo.

(3) *Santificación.* "Pero cuando se manifestó la bondad de Dios nuestro Salvador, y su amor para con los hombres, nos salvó, no por obras de justicia que nosotros hubiéramos hecho, sino por su misericordia, por el lavamiento de la regeneración y por la renovación en el Espíritu Santo, el cual derramó en nosotros abundantemente por Jesucristo nuestro Salvador, para que justificados por su gracia, viniésemos a ser herederos conforme a la esperanza de la vida eterna. Palabra fiel es esta, y en estas cosas quiero que insistas con firmeza, para que los que creen en Dios procuren ocuparse en buenas obras. Estas cosas son buenas y útiles a los hombres" (Tit. 3:4-8).

¿Qué cosas debía acentuar el joven líder Tito? En primer lugar, debía enfatizar la filantropía de Dios (3:4), su bondad inexorable y su bondad llena de amor. Este sentido de la benevolencia está presente para quienes reciben esa bondad en fuerte contraste con la inhumanidad del hombre en el versículo 3, resaltando la oscuridad de su pasado con la luz de su experiencia presente. En segundo lugar, debía acentuar el poder regenerador y renovador del Espíritu Santo (3:5). En tercer lugar, debía proclamar la gracia de Cristo, quien nos hace herederos junto a Él (3:7). Como resultado de esta acción de la tríada de Dios, tenemos la esperanza de la vida eterna. En cuarto lugar, Tito debía enfatizar que el Espíritu Santo no reparte con una mano tacaña, sino "abundantemente" (3:6). El joven líder debía proclamar estas verdades con toda certidumbre y entusiasmo.

(4) *Sufrimiento.* "Palabra fiel es esta: Si somos muertos con él, también viviremos con él; si sufrimos, también reinaremos con él; si le negáremos, él también nos negará. Si fuéremos infieles, él permanece fiel; él no puede negarse a sí mismo" (2 Ti. 2:11-13).

Este fue uno de los himnos de los primeros años de la iglesia. Acentúa el hecho de que la iglesia es la heredera de la cruz de Cristo. En los tiempos de disturbios en los que vivimos hoy día, cuando la violencia y la revolución parecen ser endémicas, nuestro mensaje debe preparar a la gente para las situaciones más difíciles. Martín Lutero escribió:

> Si nos llega la muerte por lealtad a Cristo, también viviremos con Él en gloria.

La lealtad a Cristo será recompensada, y la deslealtad traerá consigo su propia retribución. Si elegimos morir para la comodidad terrenal y la ventaja en su nombre, habrá compensaciones celestiales. Tertuliano sostuvo que la persona que tiene miedo de sufrir no puede pertenecer al que sufrió enormemente. Cuán felices deberíamos estar que hay cosas que el Omnipotente no puede hacer: "negarse a sí mismo".

(5) *Disciplina propia.* "Desecha las fábulas profanas y de viejas. Ejercítate para la piedad; porque el ejercicio corporal para poco es provechoso, pero la piedad para todo aprovecha, pues tiene promesa de esta vida presente, y de la venidera. Palabra fiel es esta, y digna de ser recibida por todos" (1 Ti. 4:7-9). La imagen de estos versículos es la de un gimnasio, donde el joven atleta se entrena para el campo de juego. Pablo exhorta a Timoteo a no confinarse meramente a la meditación piadosa, sino a ejercitarse vigorosamente en una vida divina. El pasaje expresa tenacidad y disciplina.

El atleta no evita el esfuerzo ni la negación propia para ganar el premio. Descarta todo lo que impide el progreso. Así es como debería ser el cristiano. El músculo moral y los recursos espirituales provienen del ejercicio serio en el reino del Espíritu, y pagará buenos dividendos en la vida por venir.

La disciplina y el ejercicio físicos son valiosos, pero cuando se los compara con la disciplina espiritual, sus beneficios son limitados. Uno da como resultado la belleza del físico, el otro, una vida eterna. Uno se relaciona con el tiempo presente, el otro, con la eternidad. El entrenamiento físico no debe ser subestimado, sin embargo, porque el cuerpo es el templo del Espíritu Santo (1 Co. 3:16-17).

UTILIZA EL DON

En la ordenación del joven Timoteo, Pablo y los ancianos colocaron sus manos sobre él, pasándole así el don de la gracia del Espíritu, que lo convertiría en un representante apostólico. Consciente de la debilidad de Timoteo, Pablo hizo una exhortación doble:

"*No descuides el don que hay en ti,* que te fue dado mediante profecía con la imposición de las manos del presbiterio" (1 Ti. 4:14). ¡No crezcas sin prestar atención a la confianza sagrada! Era un don del Espíritu, no una operación externa, sino una gracia interior. Al parecer la eficiencia del don no era automática, podía declinar. "No seas negligente", fue el consejo de Pablo.

"Por lo cual te aconsejo *que avives el fuego del don de Dios* que está en ti por la imposición de mis manos. Porque no nos ha dado Dios espíritu de cobardía, sino de poder, de amor y de dominio propio" (2 Ti. 1:6-7). No es que Timoteo requiriera un nuevo don. "Agita ese fuego interior", es la manera en que J. B. Phillips lo interpreta. El fuego espiritual había declinado.

¿Percibía Pablo que el celo de Timoteo había comenzado a desvanecerse? Una llama no se eleva automáticamente, suele apagarse lentamente. En el caso de Timoteo, hubo mucho que contribuyó a que se apagara el fuego. "Mantenerlo a toda llama" o "volver a encender " el fuego si este se ha apagado. ¡Verter combustible nuevo en las brasas agonizantes!

Pablo desafió y estimuló a Timoteo a dirigir su atención a la naturaleza del don divino: El *carisma* (don) del versículo 6 se combina con el *neuma* (espíritu) del versículo 7. Nosotros también podríamos realizar varias preguntas respecto de nosotros mismos. ¿Hemos estado negando el don? ¿La llama es baja en nuestras vidas? ¿Necesita que se la agite?

14

ESFORZÁNDOSE PARA
LLEGAR A LA META

"He peleado la buena batalla, he acabado la carrera, he guardado la fe" (2 Ti. 4:7)

A pesar de todos sus logros y éxitos, Pablo de ninguna manera confiaba en sí mismo. No tenía dudas respecto de su propia salvación, pero era dolorosamente consciente de la posibilidad de ser descalificado en la carrera y no llegar a la marca. Por lo tanto, practicó el dominio propio. "Sino que golpeo mi cuerpo, y lo pongo en servidumbre, no sea que habiendo sido heraldo para otros, yo mismo venga a ser eliminado" (1 Co. 9:27).

Este apóstol de Jesucristo no era un extraño para el interior de una prisión. Su visita a Jerusalén (Hch. 21:17) alrededor del año 58 d.C. dio como resultado un encarcelamiento de cinco años, doloroso y penoso para él, pero abundantemente fructífero para la iglesia. La encarcelación de Pablo no demostró ser tiempo perdido, derivando en el enriquecimiento de la iglesia y del mundo para los siglos venideros.

La historia del encarcelamiento de Pablo revela cómo la malicia humana es controlada por la soberanía divina. Los judíos querían que el prisionero fuera transferido de Cesarea a Jerusalén. Si Festo hubiera accedido a sus exigencias, el Nuevo Testamento no contaría con Efesios, Filipenses, Colosenses y Filemón. Pero Dios es quien tenía el control final.

La apelación de Pablo a César (Hch. 25:11) condujo a dos

años de encarcelamiento en Roma, donde gozó de una cierta medida de libertad. Es a este período que le debemos 1 y 2 Timoteo y Tito. Lo que en ocasiones parecería ser una tragedia con frecuencia demuestran al largo plazo ser triunfos. Fue cuando Juan estuvo en un campo de concentración que escribió el Apocalipsis. Mientras estaba en la cárcel de Bedford, Bunyan escribió su inmortal El progreso del peregrino.

La manera en la cual Pablo convirtió incluso sus desgracias en un relato positivo debería alentar a quienes son "prisioneros" de enfermedades de la salud o de otras circunstancias de prueba. La historia de Pablo debe animarnos e inspirarnos a ser ingeniosos en la búsqueda de maneras de utilizar las circunstancias restrictivas de nuestra vida con un buen propósito.

Ahora Pablo está por entregarle la antorcha a Timoteo. "Pero tú sé sobrio en todo, soporta las aflicciones, haz obra de evangelista, cumple tu ministerio. Porque yo ya estoy para ser sacrificado, y el tiempo de mi partida está cercano. He peleado la buena batalla, he acabado la carrera, he guardado la fe. Por lo demás, me está guardada la corona de justicia, la cual me dará el Señor, juez justo, en aquel día; y no sólo a mí, sino también a todos los que aman su venida" (2 Ti. 4:5-8).

Debido a que estaba llevando su propio ministerio a un cierre, el anciano estadista espiritual instó al joven Timoteo a cumplir con su propio ministerio a cualquier costo. La palabra griega para "partida" se utilizó con frecuencia aquí para soltar las amarras de un barco. El hombre viejo estaba alejándose de la orilla terrenal, preparado para embarcarse hacia la orilla celestial. De hecho, lo podía hacer con un sentimiento de "misión cumplida". Vaya modelo para Timoteo, y para nosotros. La antorcha está ahora en nuestras manos.

MISIÓN CUMPLIDA

La tradición dice que, como resultado de su apelación a Nerón, luego de dos juicios en el año 68 d.C., Pablo fue asesinado.

Se informa que el emperador estaba de viaje mientras Pablo se encontraba en Roma. Pero durante esas vacaciones, una de sus amantes favoritas fue ganada al Señor por Pablo. Cuando Nerón regresó, ella ya se había ido, habiéndose unido a un grupo de cristianos. Nerón se puso tan furioso que volcó su venganza en Pablo. Lo atraparon en el camino a Ostia y lo ejecutaron.

Si, a través de la vida, la muerte, por medio de la pena y
de ganar,
Él me bastará, porque Él se bastó:
Cristo es el final, porque Cristo es el comienzo,
Cristo es el comienzo, porque el final es Cristo.

F. W. H. Myers

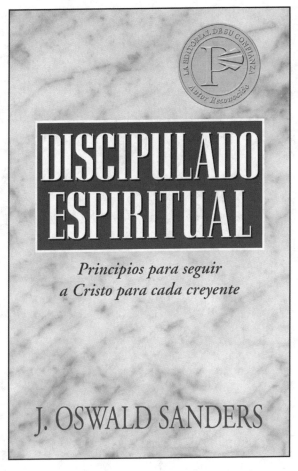

Pocos cristianos entienden completamente el sacrificio absoluto que Cristo pide al discípulo verdadero. Este libro es lectura obligada para cada cristiano que busca un mejor entendimiento de su condición de siervo. Proporciona una mejor comprensión de los requisitos bíblicos para un discípulo al servicio de Dios y enfatiza la obligación de considerar a otros antes que a uno mismo.

ISBN: 978-0-8254-1614-9 / rústica

Disponible en su librería cristiana favorita o en la internet: www.portavoz.com

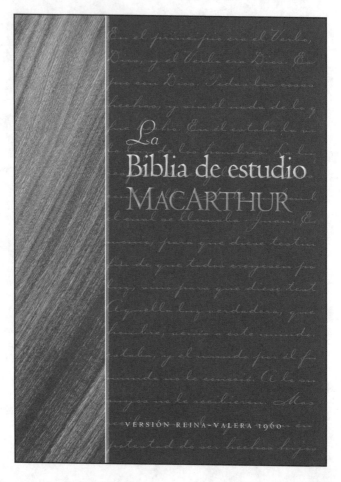

Cada vez que abra esta Biblia tendrá en sus manos una incalculable fuente de información para entender pasajes difíciles. Explica las doctrinas complejas, la cultura, la geografía, la historia y las variantes idiomáticas en los tiempos bíblicos. Esta exhaustiva biblioteca espiritual emplea la versión Reina-Valera 1960 e incluye las notas de estudio personales del pastor MacArthur junto al texto bíblico en cada página.

ISBN: 978-0-8254-1532-6 / tapa dura

Este libro es un verdadero intento de proveer respuestas reales a uno de los problemas más comunes y difíciles en la sociedad moderna. Está llena de esperanza. Contiene guías bíblicas y prácticas para manejar la soledad. Sanders nos enseña cómo identificar los síntomas y las causas de la soledad y cómo enfrentar el corazón del tema: La falta de intimidad de la persona sufriendo de la soledad.

ISBN: 978-0-8254-1669-9 / rústica

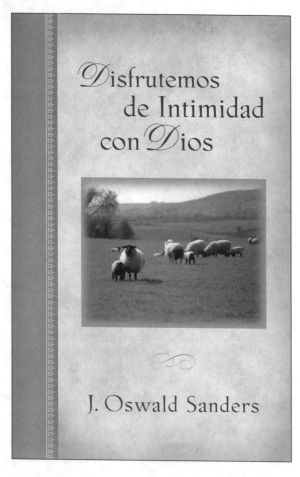

PORTAVOZ
Otros libros por J. Oswald Sanders

Una mirada al tema del cielo y el último libro que escribió el autor antes de su muerte a los 90 años de edad.

ISBN: 978-0-8254-1689-7 / rústica

Disponible en su librería cristiana favorita o en la internet: www.portavoz.com